成为"OK家长"的30个锦囊

——家庭指导师的实践手册

主　　编　顾　超　解丽娟
副 主 编　沈颖娟　史新瑜
参　　编　吴陈轶　赵伟康　杨佳兴
　　　　　叶俊清　丁　怡　陈晓芳

苏州大学出版社

图书在版编目(CIP)数据

成为"OK家长"的30个锦囊：家庭指导师的实践手册／顾超，解丽娟主编. --苏州：苏州大学出版社，2024.9. -- ISBN 978-7-5672-4896-0

Ⅰ. G78

中国国家版本馆CIP数据核字第20244X3Z81号

书　　名：成为"OK家长"的30个锦囊
　　　　　——家庭指导师的实践手册
　　　　　Chengwei "OK Jiazhang" De 30 Ge Jinnang
　　　　　——Jiating Zhidaoshi De Shijian Shouce
主　　编：顾　超　解丽娟
责任编辑：李　娟
助理编辑：周　麒
封面设计：刘　俊
出版发行：苏州大学出版社(Soochow University Press)
地　　址：苏州市十梓街1号　邮编：215006
印　　装：苏州工业园区美柯乐制版印务有限责任公司
网　　址：http://www.sudapress.com
邮　　箱：sdcbs@suda.edu.cn
邮购热线：0512-67480030
销售热线：0512-67481020
开　　本：700 mm×1 000 mm　1/16　印张：11.25　字数：185千
版　　次：2024年9月第1版
印　　次：2024年9月第1次印刷
书　　号：ISBN 978-7-5672-4896-0
定　　价：39.00元

凡购本社图书发现印装错误，请与本社联系调换。服务热线：0512-67481020

前　言

习近平总书记指出，家庭是人生的第一所学校，家长是孩子的第一任老师，要给孩子讲好"人生第一课"，帮助扣好人生第一粒扣子。

从2017年起，我们就在学校尝试开展家庭教育指导，本书是我们思考与实践的总结。

首先，明确开展家长学校活动的意义和目的。

2021年10月23日，第十三届全国人民代表大会常务委员会通过了《中华人民共和国家庭教育促进法》。从学校的角度来看，我们要培养完整的个体，家庭教育和学校教育是不可或缺的因素。开展家长学校活动的目的，是通过系统的课程，培养理念好、方法好、效果好的"三好"家长，促进教师与家长共同进步。

其次，确定开展家长学校活动的路径。

（1）明确家长学校活动的内容。了解家长需求，结合优质资源，制定明确可衡量的目标，从学习能力、亲子沟通、人际关系、健康成长和专项问题等方面构建课程体系。

（2）明确家长学校的讲师。以学校教师为主，专家学者为辅，选拔有经验、热情的教育工作者或心理专家担任讲师，并为其提供培训和实践机会。

（3）确定家长学校活动的频次。家长学校要成为学校工作的重要组成部分，每学期开展四次活动，让家长形成学习的惯例。

（4）确定家长学校活动的形式。根据活动内容和参与对象采取多种形式，如讲座、访谈、沙龙、辩论会等，并设计互动环节促进交流。

最后，落实家长学校的评价和考核。

家长学校旨在帮助家长更好地参与子女的学习和成长，对其课程的评价和考核可以从目标设定、课程内容与形式、参与度、反馈与效果、资源分配与支持、持续改进与创新、宣传与推广等维度进行。

　　苏联教育家苏霍姆林斯基曾说，儿童的和谐全面发展需要学校和家庭一致行动。通过家长学校的开办，我们成就了家长，发展了老师，促进了家校关系和谐，同时也培养了家庭指导师。我们相信，家校和谐的学校会有更好的发展，帮助家长就是帮助我们自己，好的教育者也是好的家庭指导师！

目录
Contents

学习能力

专注的秘密 …………………………………………………… 3
能独立思考 …………………………………………………… 9
做情绪的主人 ………………………………………………… 13
自信的力量 …………………………………………………… 18
青春期来了 …………………………………………………… 23
成长型思维 …………………………………………………… 28

亲子沟通

和善坚定，有效沟通 ………………………………………… 35
会说会听，良性沟通 ………………………………………… 39
公约先行，尊重理解 ………………………………………… 43
设定目标，自我管理 ………………………………………… 48
走出误区，建立信任 ………………………………………… 51
互相学习，共同成长 ………………………………………… 56

人际关系

正确认识人际关系 …………………………………………… 63
自信力和交往力 ……………………………………………… 70

尊重孩子，容纳错误 ··· 77
创设良好的生生与师生关系 ·································· 84
积极提升自尊与自我认知 ····································· 89
独立解决现实与网络社交问题 ································ 94

健康成长

知"食"的力量 ··· 101
重要的"性" ·· 105
积极心理 ··· 110
减压赋能 ··· 115
运动的秘密 ··· 119
健康上网 ··· 125

专项问题

扣好人生"第一粒扣子" ····································· 133
情绪管理小秘诀 ··· 137
过渡期里寻突破 ··· 142
向脏话勇敢说"不" ··· 147
驱散自卑阴霾 ··· 151
小升初衔接无忧 ··· 156

家长感言与学生反馈

家长感言 ··· 163
学生反馈 ··· 165

附录
  家长学校课程的设计与实施 ································ 168

学习能力

专注的秘密

建议年级

一年级。

活动目标

（1）帮助家长了解注意力是什么，知道注意力不集中的常见表现。

（2）通过理论和一些实际案例的讲解，结合注意力的两种类型，增强家长对孩子注意力培养的专业性。

（3）让家长了解不同阶段注意力的问题并学会有效提高孩子注意力水平的方法。

活动准备

讲师准备：多媒体课件。

家长准备：笔记本、笔。

活动说明

家长对于注意力这个问题非常关注，主要是担心孩子注意力不好会影响学习。确实，注意力对学习有很大的影响，李玫瑾教授在《圆桌派》中曾经说过，所有的"小天才"身上，都具备一个共同的特点，那就是"超强的专注力"。因此，提升孩子的注意力，让孩子能够长时间高效学习是本次活动的核心。

活动过程

一、课程导入

各位家长,您是否被孩子注意力的问题困扰过?这些现象会引起您的共鸣吗?出示身边关于注意力低下的现象。

"孩子容易分心,大部分玩具都没玩几下,就又去玩别的。"

"孩子读绘本读到一半就不读了。"

"孩子很容易被人打扰,专注力很差,在家写作业就是一边写一边玩。最神奇的是,孩子看动画片、玩手机、听故事的时候,倒是都非常专心,能一两个小时一动不动。"

……

家长思考还遇到过什么样的孩子注意力不集中的情况,现场互动。

二、孩子注意力不集中的表现

孩子注意力不集中通常有以下几种情况:

1. **冲动任性**

冲动的孩子做事大多不经过思考,脑子里想的东西马上就从嘴里说出来了;他们很难把思想和行为分开,不能对问题进行分析,贸然行事;他们常常违反纪律,即使他们知道不可以做,但还是控制不住自己;他们做事没有计划性……这类孩子往往屡教屡犯,让老师和家长感到头疼。别人以为他们的这些行为是故意的,是调皮的表现,其实这是他们一种生理性的表现,并非他们故意不听话。

2. **注意力涣散**

注意力不集中的孩子往往不能完成一项重复性的、没有趣味的、需要做出选择的任务或活动。遗憾的是学习任务往往具有重复性,因此他们要完成学习任务总是有困难的。他们在上课时容易分心,不能很好地完成学习任务。

3. **过度活跃**

缺乏注意力与自控力的孩子往往过于活跃——焦躁不安、多动、容易激动，难以控制自己。无论是高兴、难过、愤怒还是沮丧，他们的情绪反应都比其他的孩子强烈。

4. 持续性差

坚持完成一项任务需要持久的努力，完成学习任务也需要孩子的长期努力。注意力不集中和缺乏自控力的孩子很难为一个长期的目标而努力。

5. 其他

注意力不集中的孩子更易于产生焦虑、抑郁等情绪，更易于出现其他不协调行为，他们容易与朋友发生冲突、自我评价低，长大后容易出现个性缺陷等问题。

三、注意力的两种类型

注意力很重要，它是自控力的基础。注意力有以下两种类型：

1. 无意注意

无意注意是一种没有预定目的，也不需要任何意志努力的注意。例如，当同学们都在专心听老师讲课的时候，一个迟到的学生推门进来，大家都会不由自主地转过头去看他；看电视时，孩子的注意力完全被电视剧中的故事情节所吸引……

2. 有意注意

有意注意是一种有自觉目的，必要时还需要经过意志努力，主动对一定的事物所产生的注意。在学习的过程中，无论你对学习的内容喜欢与否，都必须学，因此就必须作一定的努力，迫使自己把注意集中到学习活动中去，这个过程也是锻炼注意力的极为重要的手段。例如，有的孩子特别不喜欢记忆枯燥无味的英语单词，可是又不能不背，他们必须不断提醒自己要注意每个单词的不同拼法和读音，而且要一边读一边写，反复试背，否则就很容易分心。

四、孩子不同年龄阶段的注意力问题

1. 幼儿期——"难对付"的孩子

有的孩子一出生就"难对付"。研究表明，大约5%~10%的孩子脾气很坏，他们总是情绪不好，容易发怒并且难哄，对一些很小的事情反应都很强烈。他们好动，睡觉不踏实，洗澡、换尿布都很困难，吃饭很挑食。这些孩子的家长通常以为是自己缺乏经验,并为此而内疚,因此对孩子比较纵容,还有一些家长可能会不自觉地厌恶孩子。这对孩子自控力与注意力的培养都是极为不利的。

2. 学龄前期——好动的孩子

进入学龄前期的孩子,好奇心特别强,他们总是想积极地探求周围的环境。他们精力充沛,好动,不喜欢约束,喜欢新鲜的刺激,自我保护意识差,因此很难确定他们是否有注意力和控制力的问题。

心理学家认为,学龄前期的孩子具有这方面的问题是暂时的,只是反映了孩子在该时期的一些特征。他们很快就会顺利度过这个时期,不会造成终身问题。但是如果问题有些严重,就预示着可能会给孩子今后的生活和学习带来困难。如果忽视这些征兆,就会错失很多解决问题的良机,甚至成为孩子一生中无法弥补的遗憾。

3. 学龄期——爱闯祸的孩子

每个孩子都必须遵守家庭、社会和学校的规章制度。一个自控力很差的孩子很容易引起老师的注意,因为他们经常破坏课堂秩序。一般的惩罚和奖励手段对这类孩子难以奏效,因此老师和家长常常感到头疼。这类孩子往往还有社交方面的困难,并且这种问题随着年龄的增长变得更加严重。

有将近80%的易冲动和好动的孩子的家长反映,他们的孩子在与别的孩子玩的时候,一旦有某种需要就会强烈要求立刻得到满足,做事不加考虑,这些行为往往会给学校或家庭制造麻烦。而注意力不集中的孩子则显得比较笨拙,不知道什么时候与别人谈话最为合适、如何加入一个正在进行活动的群体以及在游戏中应该怎样集中注意力,因此更容易出现交往困难。

4. 青春期——困惑的孩子

青少年逐渐变得独立起来,出现一些困惑是很正常的。但是有些幼儿期有注意力和自控力问题的孩子到了十几岁还会有同样的问题,这些行为特征主要是由先天决定的。要求孩子努力学习,遵守家庭和学校的日常规范,取得令人满意的成绩是正常的,但是希望注意力不集中并缺乏自控力的孩子表现良好或持之以恒地学习就不太实际了。虽然他们可能很聪明,但是当他们进入高一些的年级时,注意力或自控力的弱点使他们在书写、记忆数学原理和完成书面作业等方面都会遇到困难。

五、如何提升孩子的注意力水平

要提升孩子的注意力水平，有两个最重要的原则：

（1）要在对的时间，注意该注意的东西。

（2）要训练孩子注意力的收放自如，除了练习专注，还要学会放松。

关于这两个原则，接下来我和大家分享几个相关的小游戏，帮助大家理解。

1. 在对的时间，注意该注意的东西

注意力有三种运用类型——警觉、注意力的转移和冲突的解决。虽然这三种类型是不同的运作机制，但其实都和"在对的时间，注意该注意的东西"有关。因此，接下来和大家分享的几个游戏，都会以这个概念作为出发点，建议各位家长根据实际情况，选择不同的游戏来玩。

听妈妈讲故事：

在妈妈讲故事时，孩子边听边拿出故事中提到的物品。两岁以上适用。

数字迷宫：

自制表格让孩子按规律找数字。只要孩子认识数字就可以玩。

扑克牌排顺序：

打乱扑克牌的顺序，让孩子按同一种花色排序。五岁以上适用。

2. 训练注意力的收放自如

前面提到，注意力并不是在最集中的时候就会最好，长时间集中注意力容易疲惫，所以除了练习专注，也要练习放松，要引导孩子对注意力收放自如，让他们知道需要稍微休息的时候怎么做会比较好。接下来还是和大家分享几个对应的小游戏。

手指小推车：

画出玩具车行驶的轨道，孩子需要让车走在轨道内，直到开进停车场。三岁以上适用。

趣味跳圈：

另一种版本的跳房子，给孩子设立游戏休息区。四岁以上适用。

气球大作战：

和孩子玩抛接气球、寻找放气后的气球与模仿气球游戏。只要孩子能吹气球就可以玩。

（1）写出今后您帮助孩子提高注意力的计划。

（2）结合今天所学的内容，选择适合的游戏和孩子一起玩，记录活动过程中孩子在注意力方面的表现。坚持一段时间，观察孩子注意力状态是否改善。

能独立思考

建议年级

二年级。

活动目标

(1) 帮助家长了解影响孩子独立思考能力的因素有哪些。
(2) 帮助家长掌握培养孩子独立思考能力的方法。

活动准备

讲师准备：多媒体课件。
家长准备：笔记本、笔。

活动说明

不要用爱摧毁了孩子的独立思考能力。孩子之所以能够成长，往往不是因为他每次都成功，而是因为他在失败中修正了方法。

活动过程

一、是您的思考，还是孩子的思考

由于当下学习竞争激烈，家长越来越容易替孩子做决定。如果以下情况发生，您会替孩子做怎样的决定呢？

情境一：邻居家孩子最近进步很大，您打听到他们去上了补习班。

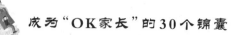

假设您的孩子目前没有上补习班,这时您会做什么决定呢?原因是什么?

情境二:孩子作文写不出来,抬头看天花板看了很久,一个字也没写出来。

这时您会做什么决定呢?原因是什么?

情境三:孩子和爷爷奶奶住在一起,老人们总是帮孩子背书包,您一喊孩子做家务,老人们就抢着做了。

这时您会做什么决定呢?原因是什么?

请大家思考,这些是您的决定,还是孩子的决定?给出的原因是您的想法,还是孩子的想法?

当我们替孩子做决定时,孩子当时会产生怎样的想法?今后您又打算做出怎样的决定呢?

屏幕展示孩子的话语:

孩子的想法——

凭什么我就要去补习班?我成绩明明还不错呀!

我写不出来你硬要我写,我也没办法呀!

孩子的决定——

反正成绩好也没有自己的时间,那为什么我还要好好学习呢?

我就是个写作文很差劲的人。

这些是课前邀请孩子记录下来的真实想法,看完这些想法,您有怎样的感受?

二、孩子为什么不能独立思考

上述案例并非只是停留在屏幕上的故事,而是实实在在发生在我们的生活中的。作为家长,因为怕孩子吃亏,怕孩子受委屈,我们常常会替孩子做很多决定。我们做决定时会有很多策略,而这些策略催生了不同类型的家长。我们一起来看看,主要有哪些类型的家长。

(1)专制型家长:生活中充斥着许多的规则和命令,常常认为孩子的诉求是因为懒惰、贪玩等,很少聆听孩子内心的想法。

①实际案例:孩子学习非常拖拉。经了解,必须有妈妈陪着学习,否则孩子几乎什么也不做。在学习的过程中,妈妈必须不断给出新的要求和命令。例如:把字写好、坐姿要端正、不要趴着写、答题要圈圈画画、

要仔细检查等。妈妈表示自己也不想不断唠叨，但一旦停止，孩子就不学习。有时甚至只有对其吼叫，孩子才会按要求完成学习。妈妈非常苦恼。

有类似困扰的家长请举手。没有类似困扰的家长，请帮助他们分析，是什么导致孩子必须不断提醒才能继续学习？如果不去提醒、呵斥，有没有什么好方式让孩子主动学习呢？

② 小结：其实，这就是孩子失去独立思考能力后的样子。他已经无法掌控自己的学习了，学习对他而言只有压力，没有动力。只有逼迫他，他才会往前走一步。

③ 采取方式：妈妈先向孩子描述了自己内心的痛苦和焦虑，然后请孩子帮助她解决这个问题。孩子提出了一些解决方案，如设定时间、设定提醒标语等。妈妈随后不再全程陪着，而是时不时地进行鼓励。孩子做不到的时候，也只是摸摸孩子的头，说："妈妈相信你。"坚持一段时间后，孩子虽然不能完全独立完成学习任务，但很少会拖拉了。

④ 提问：妈妈采取了哪些方式？孩子产生了怎样的想法？作出了什么决定？

（2）溺爱型家长：生活中常常替孩子做一些事情，生怕孩子受委屈，过于在乎孩子的想法。

① 实际案例：小可不小心打翻了牛奶，衣服和鞋子全脏了，她感觉很不舒服，开始大叫："妈妈，妈妈，牛奶全翻了！"妈妈连忙跑过来，给孩子擦了擦后说："赶紧去换衣服呀！"小可说："换哪件呢？"妈妈很无奈，只能去拿衣服给她。据妈妈反映，孩子在平时生活中遇到困难总是不会自己解决，一着急就喊"妈妈，妈妈"。

有类似困扰的家长请举手。没有类似困扰的家长，请帮助他们分析，是什么导致孩子必须依赖妈妈？如果不直接帮助，有没有什么好方式让孩子自己解决问题呢？

② 小结：溺爱孩子，也会让孩子无法独立思考。孩子会觉得所有的困难都可以让别人来解决，没必要自己采取行动。

③ 采取方式：在商场里，小可想要一个玩具，哭着不肯走，说同学都有为什么自己没有。妈妈不再因为她哭就满足她的要求，而是安静地看着她。小可哭了很久，最后声音也逐渐小了下来。妈妈递给小可一张纸，什么话也没说。小可见状，又放大声音，哭了很久。哭着哭着，声音再一次小了下来。妈妈又递了一张纸，小可没有了哭声，困惑地看着妈妈。妈

妈没有作任何回答，面带微笑示意小可该离开了。小可不肯走，再次大哭。妈妈依然等待。持续一会儿后，小可终于离开了。回家后，妈妈和小可聊了聊遇到喜欢的玩具可以怎么做，小可说了一些恰当的方式，也终于意识到自己原本的行为并不能解决问题。

④ 提问：妈妈采取了哪些方式？孩子产生了怎样的想法？作出了什么决定？

三、如何让孩子独立思考

（1）提问：刚才的两个案例中，家长的做法有怎样的共性呢？

（2）小结：当孩子的决定与自己的决定不同时，他们并没有采取命令孩子或者帮助孩子的方式。他们都善于表达自己的情绪，并且能妥善处理孩子的情绪问题。调整完孩子的情绪之后，针对问题，他们会先让孩子提出恰当的、合理的解决方法，引导孩子独立思考。

（3）让孩子独立思考的两个好方法。

方式一（启发式提问）：如果要按时完成作业，我们每个人都需要做什么？你先想想看，有什么解决办法？

方式二（头脑风暴式清单）：全家人一起头脑风暴列出家务清单，然后就选择哪些家务和选择的原因逐一征求全家人意见。

（4）情境演练：邻居家孩子放学回家后总是下楼玩奥特曼卡片。今天，您家孩子说自己也想去玩，但您希望他能多花点时间看书。如何与孩子交流，才能让孩子产生独立的、正确的思考呢？

（5）总结学员采取的方法，互相评价。

（6）结语：孩子现在不一定知道自己的目标是什么，所以需要家长帮孩子一起规划。孩子现在不一定能完全控制自己的行为，所以需要家长陪伴并给予能量。而我们的规划和陪伴，并不是为了代替孩子的思考，而是要引导孩子走上正确的道路。

作业

（1）全家人一起头脑风暴列出家务清单，然后逐一征求全家人意见：你们想认领哪些家务呢？为什么？

（2）让孩子独立安排一场周末家庭活动，家长负责记录下来。

做情绪的主人

建议年级

三年级。

活动目标

(1) 帮助家长了解什么是情绪,学会用心体会孩子的情绪。

(2) 帮助家长了解影响孩子情绪的因素,引导家长重视家庭影响的因素,更新家庭教育的方法。

(3) 引导家长认识孩子的情绪行为问题,帮助家长掌握解决孩子情绪行为问题的方法。

活动准备

讲师准备:多媒体课件。

家长准备:笔记本、笔。

活动说明

孩子在学习发展过程中会接触大自然和社会中的各种事物和现象,必然会遇到得失、顺逆等情境。在不同的情境中,孩子会出现喜、怒、哀、乐等不同的情绪表现形式。在某种情绪的影响下,孩子会用相应的行为(包括好的行为,如努力学习等;也包括不良行为,如撒谎、发脾气,甚至其他极端行为等)来表达自己的态度,因此,正确解决孩子的情绪行为问题变得非常重要。

活动过程

一、正确理解孩子的情绪

1. 情绪究竟怎么回事

阐述情绪的意义,让家长明白情绪与行为是不可分割的整体,二者相互依托。

2. 用心体会孩子的情绪

孩子主要是通过一定的行为来表现他们的情绪的,但由于他们的生理、心理机能正在发育中,所以对外界刺激的反应不同于成人。例如,有些孩子不知道怎样正确表达自己的想法,有时候他们可能会用一些怪异的行为表达心里想说的话,如为得到家长的关注故意捣乱、装病,或者以反抗和叛逆来掩饰内心的焦虑。

实际上,孩子在成长过程中总是通过周围人的反应来认识自己,他们很希望自己的行为得到认可,希望自己是被关注的对象。一旦他们发现乖乖仔的表现不足以获得关注的时候,他们就会变换方式,采用不好好做作业、把家里弄得乱糟糟的、发脾气等在成人看来是不良行为的行为方式表达自身的感受。其实孩子做出这类行为并无恶意,家长对此倒不必过于担心,因为孩子知道表达自己的感受了,问题的关键只在于这种行为表达方式的"度"的问题。家长要让孩子感受到看到他知道采取措施保护自己权利时的高兴之情,但要教导孩子必须使用正当的方式来解决问题,不能伤害他人,家长需要教会孩子如何直接告诉他人自己的想法和需求。

但是,当孩子不良行为的出现频率很高,并影响到正常的学习、生活时,孩子可能已经受到情绪行为的困扰了。孩子的情绪行为困扰表现为他们的情绪行为反应与环境不协调,使之无法进行正常的人际交往,适应能力降低,并进一步影响到他们的饮食、睡眠、学习态度等,继而成为其学业发展的绊脚石。但是这种情绪行为困扰并非不可解决,家长可以通过行为训练来调节孩子的情绪行为,成为孩子情绪发展的护航者。家长需要熟悉孩子不同成长阶段的特点,才能在日常的各项活动中有的放矢地加以引导,在必要时协助孩子应对情绪行为问题,让孩子顺利度过发展期,完成学业，走向成功。所以家长必须学会听懂孩子的情绪行为语言，找到与孩子有效沟通的途径，和孩子一起成长。

二、影响孩子情绪的因素

影响孩子情绪的因素是多方面的，根据其来源可分为两类：包括家庭、学校在内的环境因素和孩子自身的生理因素。

1. 环境因素

因为孩子的身心发展不成熟，所以其心理的成长需要环境的支持。当环境对孩子构成压力或阻碍其自然发展时，孩子就有可能出现情绪行为问题。

（1）家庭环境。

① 父母的人格因素：父母是孩子的第一任老师，他们的言行举止、人格特点都会被孩子模仿。

② 家庭的教养方式：家庭教养方式包括专制型、保护型、放任型、民主型和混合型等。其中，民主型的教养方式被认为是最好的，因为它强调尊重孩子的独立性，鼓励孩子自主思考和解决问题。而其他的不良教养方式都有可能对孩子的情绪产生负面影响。

③ 家庭的环境因素：家庭的文化氛围、价值取向、人际交往、家风家规、环境布置等因素对孩子的人格发展和情绪有重要影响。

（2）学校环境。

① 物质环境：学校的物质环境，如教室的整洁与舒适程度，可以直接影响孩子的积极性和情绪状态。

② 人际环境：学校的人际环境对孩子情绪的影响也不可忽视，包括师生关系和同学之间的相处方式，师生之间互动的方式和质量直接关系到孩子的情绪。

2. 生理因素

（1）神经系统发展：孩子的神经系统，特别是大脑，在发育过程中经历着显著的变化，年幼的孩子可能较难控制自己的情绪，表现出较高的情绪易变性和冲动性。此外，孩子的激素水平也可能影响他们的情绪。

（2）生理需求满足：充足的睡眠对于孩子的情绪稳定至关重要。营养均衡的饮食有助于维持孩子的身体健康，进而影响他们的情绪。

（3）生理疾病状况：当孩子生病或感到疼痛时，他们的情绪可能会受到很大的影响，表现为易怒、烦躁或情绪低落。

（4）生长发育阶段：青春期是孩子生理和心理发育的重要阶段，伴随着内分泌和荷尔蒙的显著变化，孩子的情绪波动增大，容易出现易怒、抑郁等情绪问题。

三、与学习有关的情绪行为问题

通过了解可能存在的困扰孩子学习的情绪行为，家长可以对症下药，为孩子的成长保驾护航。

因为孩子尚处在发展阶段，所以下面几类情绪行为困扰可能是正常发育问题的突出表现。家长通过调节可以帮助孩子克服困扰，愉快地进行学习，从而为获取优异的学习成绩打下良好的基础。

（1）分离性焦虑：是指个体在与有亲密关系的人分离时，出现的极度焦虑反应。

（2）学校恐惧症：由于对上学存在明显的焦虑和躯体症状，孩子会出现害怕甚至拒绝上学的心理状态。

（3）选择性缄默和社交敏感：表现为孩子在特定社交场合中拒绝说话，但在其他场合下语言功能正常。

四、如何解决孩子的情绪行为问题

孩子的所有学习活动都伴随着各种情绪、情感的参与。学习中的满足、快乐、惊喜等积极的、肯定的情绪促使孩子心态平和，从而对学习产生浓厚的兴趣；失落、忧郁、焦虑等消极的、否定的情绪却让孩子看不到自己的长处，从而害怕学习，最终导致学习糟糕。

不过孩子各方面都处于发育成长中，可塑性很强，他们的一些情绪行为问题并不是不可解决的。只要帮孩子从对学校、考试和老师的紧张、恐惧状态中脱离出来，用正确的方式表达自己的情绪，学习问题将会迎刃而解。

1. 消除来自家庭的压力和不适

当家长发现孩子因情绪行为问题而成绩下滑时，先不要一味地指责孩子不努力学习，而要解开孩子的心结。先了解孩子情绪困扰的源头，因为极有可能家长自身在无形中推动了孩子情绪行为的产生。家长要了解并努力消除可能引发孩子情绪行为的环境因素，具体做法可参考以下内容：

（1）家长要和孩子建立良好的关系。

（2）帮助孩子提升适应陌生环境的能力和信心。

（3）预测家庭可能发生的变故，提前告诉孩子可能发生的变化。

（4）经常与学校联系，了解孩子在学校的情况。

2. **采取合适的方式调整孩子的情绪**

消除可能引发孩子情绪行为的环境因素后，家长可以根据孩子的具体情况，选用适当的方法来调整孩子的情绪行为，有效引导他们的情绪往正常方向发展，具体可以参考以下内容：

（1）引导孩子发泄深受困扰的情绪。

（2）果断修正孩子不合理的信念。

（3）教会孩子正确的自我暗示。

（4）转移孩子的注意力。

（5）角色扮演游戏暗示。

（6）补充维生素。

3. **寻求专业人员的帮助**

家长可以借助以上所列举方法调节一般的孩子情绪行为问题，然而家长毕竟不是专业人员，如果孩子的情绪行为问题非常严重，经由家长调节仍未改善时，一定要早些寻求专业人员（如心理医生、教育心理专家等）的帮助，以便于尽早帮助孩子解决问题。

作业

（1）记录孩子平时的情绪行为问题及产生的频次，思考可能导致这些问题的因素。

（2）尝试用本次活动习得的知识加以解决，记录实施效果。

自信的力量

建议年级

四年级。

活动目标

(1) 帮助家长了解自信的重要性,厘清孩子不自信的可能原因。

(2) 帮助家长掌握培养孩子自信心的方式。

活动准备

讲师准备:多媒体课件。

家长准备:笔记本、笔。

活动说明

每个孩子都有优秀的一面,我们要从不同的角度去观察孩子,要学会用赏识的眼光去看待孩子。那么,如何帮助孩子建立自信呢?孩子可以运用"有优点我自信,有特点我自信,优化自己我自信"等方法,运用积极的心态发现自己的优点,改进自己的不足,从而建立自信。

活动过程

一、"做不到",有表现

活动开始,首先播放一段视频。

视频内容描述：

一个小女孩不断地尝试跳上凳子却都失败了。随后，爸爸给出了具体的指导。女孩再次尝试，最后，她成功跳上凳子，并为此欢呼。

提问：

（1）您看到了什么？

（2）如果爸爸完全不指导，可能会发生什么？如果爸爸把女孩抱上去，又可能会发生什么？

（3）小女孩如果再遇到困难，她会怎么做？

有一句话说得好，自信是家长送给孩子的好礼物。一个自信的人内心不会充满怨恨、嫉妒和不安全感，面对困难，他们摔倒再多次，也能重新站起来。

接下来，作为家长，我们需要重新审视我们的孩子。您有没有发现孩子在成长过程中，出现过以下的情况呢？

孩子明明知道答案，却不敢举手回答问题。

孩子和班里的同学交流不主动，都是等着别人来找自己玩。

孩子在学校遇到学习问题，不敢举手问老师，影响学习的效果和成绩。

要上台发言时，孩子站在台上，低着头，很紧张，不敢看同学，说话的声音很小。

……

为了反映更真实的情况，前期，我们针对家长和孩子分别进行了问卷调查。对家长的问题如下：

面对困难，您推测您的孩子会做出怎样的选择？

A. 您的孩子遇到困难，会不怕失败，反复尝试直到成功

B. 您的孩子会尝试几次，但失败次数多了就会放弃或应付

C. 您的孩子会觉得太难，不会尝试直接放弃

我们在教育孩子时，往往把注意力集中在教孩子一些知识或训练孩子一些技能上，而忽略了孩子自信心的培养。其实自信是孩子能力成长的支柱，也是打开孩子潜能的钥匙。

二、"做不到",有原因

为什么随着孩子的成长,有些孩子愈发自信,有些则愈发自卑?原因究竟在哪?如果我们弄清楚背后的根源,家长就可以对症下药,为孩子的成长保驾护航。

1. 自信与自卑的归因

塞利格曼在积极心理学中曾经提出不同的人对于同样的消极事件会做出不同的特定归因。表1-1是高自信人格对于考试没考好这一消极事件从不同维度做出的归因。

表1-1 高自信人格对于同一消极事件从不同维度做出的归因

维度	归因	例子
原因: 具体或普遍	高自信人格会将问题视为孤立事件,而不是普遍趋势的征兆	"上次考试我没考好",而不是"我在学校表现很差"
问题: 情境或人格	高自信人格会将问题视为情境性的,而不是个人内部的问题	"我没考好可能是因为我错过了考前的复习",而不是"我不够聪明"
持续时间: 短暂或永久	高自信人格会将问题看作暂时的,而不是永久的	"如果我不再贪玩,下次考试我是能考好的",而不是"我再也不可能考好了"

当孩子认为自己出现的问题是普遍的,是因为自己的人格,且会长久持续下去时,孩子就陷入了我们常说的"习得性无助"的状态,消极的态度和行为也会深深地影响到家长。

2. 一张表帮您判断孩子是否有自卑感

孩子是否自信,相信每个人都有自己的主观判断。当然,我们如果能够通过具体的量表(可参考表1-2)来判断孩子是否自卑,会更加准确,也会对孩子的自卑程度有一个准确的认识。

表1-2 判断孩子是否自卑的参考量表

问题	选项	
您的孩子经常为自己的行为向别人表示歉意吗?	是	否
您的孩子常常因为自己考试的失败等困扰去责备别人或自己吗?	是	否
您的孩子经常反对别人的想法或别人想做的事情吗?	是	否

续表

问题	选项	
当您的孩子和同龄中最聪明、最受欢迎的人在一起时，会不自在吗？	是	否
您的孩子经常因感到不受重视，而认为自己无法受到重视吗？	是	否
您的孩子看不起考试成绩比他差的人吗？	是	否
您的孩子经常贬低别人吗？	是	否

3. 学习积木金字塔

自信并非只是影响孩子的情绪，它对孩子的影响是全方位的。在"学习积木金字塔"中，自信心为学习的四大基本要素之一，一个无自信心的孩子，是缺乏学习的支撑的。

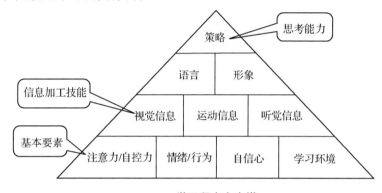

学习积木金字塔

三、"做得到"，有方法

1. 孩子对自卑的解释风格从何而来

原因一：孩子已经习惯于失败。"我是不可能成功的"（习得性无助）。

原因二：怎么跳，都够不到。"我无论如何努力都无法抵达成功的终点"。

原因三：努力的尝试被否定。"原来我以为的成功不过是失败"。

原因四：别人家的孩子（学生）。"把我这样的孩子换成别人，或许爸妈（老师）才会开心吧"。

原因五：做不到，就找人帮忙。"只有别人帮我，我才会成功"。

2. 如何改变孩子对自卑的解释风格

引导孩子养成积极的解释风格,强化孩子自信的实用方法——沟通。

儿子胆怯地拿出数学练习卷,上面是"合格"两字。

儿子:"你不知道这次有多难。×××这一次考得还不如我呢。"

爸爸:"是啊,今天你考试没取得理想的成绩(描述性的语言,客观的解释),爸爸和你一样感到遗憾(共情),我觉得是你平时没有对之前错题进行复习和回顾(解释原因,固定范围)。但是你计算上的粗心少了很多,你坚持练习计算题有了回报(转移)。我想,你如果每周整理一次错题,你一定会在下一次练习中有所改进(建设性的未来)。"

孩子的自信心,正是来自家长沟通的艺术,来自这样点滴的培养!如果我们能够与孩子一起弄清楚失败的原因,对孩子的问题进行客观的解释,而不是主观情绪的发泄,对孩子的失败表达自己的共情,或帮他转移注意力,最后还能与他一起思考改变的方法,孩子就能够从与您的对话中,不知不觉学会遇到困难或挫折后应该怎样改进。

作业

根据本节课程教孩子建立自信的方法,家长可以和孩子共同商讨完成下面的内容。

孩子的优点或者优势:

(1) _____

(2) _____

(3) _____

孩子的成功经历:

(1) _____

(2) _____

(3) _____

青春期来了

建议年级

五年级。

活动目标

（1）结合生活中的案例，帮助家长了解青春期孩子的生理和心理变化。

（2）通过对当代家庭教育中常见问题的探究，引发家长思考孩子青春期的变化背后的含义，帮助家长转换视角，从而正确应对青春期孩子的问题。

（3）引导家长深入了解孩子的真正需求，学会和青春期孩子沟通的方式，营造良好的家庭氛围，陪同孩子平稳度过青春期。

活动准备

讲师准备：多媒体课件。
家长准备：笔记本、笔。

活动说明

很多家长对孩子进入青春期后的叛逆头疼不已，不知如何应对。其实叛逆是孩子逐渐脱离童年期的稚嫩、从儿童期向成年期过渡时心理变化的外在表现。家长需要在深入了解孩子真正内在的需求后，再来审视他们的叛逆行为。

孩子进入青春期后，生理、心理、认知等方面的发展和进步，使他们产生一种心理上的"成人感"，带来自我意识的变化。这些变化有助于他们构建"自我理论"，开始思考"我是谁""我将会成为什么样的人"等问题，寻找自己的"位置"与价值，建立自我同一性。

一、了解青春期孩子的生理、心理变化

青春期孩子在外貌、身高等方面变化很大。生理上的急速变化导致激素快速增长，这时就会引起心理上很大的变化。在人的一生中，青春期是身心变化最大的时期。家长在不了解的情况下，常会跟孩子发生矛盾，因为家长感觉孩子不像小时候那样听话了。

家长要了解他们的变化，并明白这些变化是青春初期的一个常态。

二、改变家长的观点

为什么家长给孩子安排得越周到，孩子却越不领情？

为什么家长一提学习，孩子就闷闷不乐？

到底要怎样做才能激发出孩子自主学习的动力？

……

以下几个方面可以给各位家长一些思路。

1. 知道孩子青春期的生理变化究竟意味着什么

当孩子生理迅速变化时，心理也会发生变化。

试想，当一个男孩子长得跟爸爸一样高，他心里会怎么想？再比如，特别瘦的男孩和特别胖的女孩，他们平时的苦恼就可能来自体形。这时候家长需要注意，千万不要对孩子的体征进行评价。比如，"我家女儿哪都好，就是眼睛有点小。"家长要知道孩子在苦恼什么，学会真正理解自己的孩子。

2. 引导孩子正确与异性朋友交往

由于青春期孩子生理和心理的巨大变化，再加上孩子善于模仿的特性，很多家长担心孩子无法把握与异性朋友交往的尺度，开始早恋。

那家长该怎么办呢？

出示家长沟通范例。让孩子把交朋友当成应该做的事。

此外，女孩子进入这个年龄，妈妈一定要做一件事，这件事非常重要——告诉孩子，如何保护自己，防止性骚扰。

3. 了解在记忆容量的巅峰期该怎么鼓励孩子阅读

人一生中记忆容量最高的时期是青春期，请家长一定要鼓励孩子阅读！

家长可以这样说："孩子，人的记忆容量最高峰是在青春期，看的东西一生不忘，像爸妈这个年龄，看的东西前看后忘，我们有时候记得的，就是青春期时看的东西。所以爸妈希望你多多阅读，这对你一生都有好处。"

4. 了解青春期孩子的情绪特点

青春期孩子的情绪特点就是波动非常大，因为激素的分泌，内心非常躁动。国外的做法是给孩子安排大量的体育活动，帮助他释放精力和情绪。青春期孩子的情绪经常是两个极端：要么很兴奋，要么很低落、抑郁。背后的原因是孩子进入了"第二反抗期"（"第一反抗期"在两三岁）。两个反抗期都是为了寻求自主，第一个是追求身体自主，第二个是追求精神自主。

5. 明白孩子的同伴关系非常重要

在这个年龄段，孩子是通过把同伴对他的评价综合起来认识他自己是谁的。同伴对他的评价权重占70%，而家长对他的评价没这么重要。所以家长一定要注意孩子的同伴关系，它非常重要，高兴不高兴是因为它，愿不愿意上学也是因为它。

6. 知道孩子脑海中常浮现的四个问题

（1）学习有什么意义？

（2）学习有什么用？

（3）不是不想学，而是学习太苦了，怎么办？

（4）×××小学没毕业，现在是亿万富翁，怎么说？

一些青少年感受不到为过好日子而学习，为改变命运而学习的现实意义，他们怎么会有动力学习？没有学习动力，接下来也会没有人生动力。

当代青少年不容易被师长理解。师长常认为，已经为他们提供了优渥的生活条件和良好的环境，却没有换来他们积极的人生状态，因而想尽办法纠正、教导他们，却因不了解他们的真正需求而倍感挫败。

知识结构的完备、多元化的价值取向使得当代青少年较早地独立思考。又因为无物质之忧，他们的思考往往直指终极问题——生命的意义。

不少青少年几乎没有主动寻找个人兴趣的可能，因为不等自己发现，就被家长确认好了；也没有冒险、探索的可能，因为绝大部分活动都由家长带领……在这种生活状态中，他们的内心有很强的孤独感，这种孤独来自无法将内心世界描述出来，自己的感受无法被他人理解。

三、正确和孩子沟通的建议

有的孩子到青春期变化会很大，爱说话的突然变得话少了，所以和孩子沟通，一定要讲究方法，注意以下几点：

（1）少言。

（2）正确倾听。

（3）正确询问。

（4）聊天要共情。

四、如何做好青春期孩子的家长

（1）正确面对考试成绩。

（2）认可孩子的努力，不要否定孩子。

（3）营造和谐的家庭气氛。

（4）不拿孩子与他人比较。

（5）正面鼓励孩子，要跟青春期孩子相处好，就记住：相信他。

（6）欣赏自己的孩子。

（7）鼓励孩子帮助别人。

（8）克服自身焦虑。

（9）正确对待孩子玩网络游戏等。跟孩子约定：玩游戏可以，但要规定时间，否则承担违约责任。

（1）和孩子谈谈他心中关于青春期的困惑或好奇，用自己原有的知识或今天新学习的知识回答，甚至可以和孩子一起寻找答案，并将这一过程记录下来。

（2）了解孩子内心的需求，召开家庭会议，和孩子一起探索青春期的家庭相处模式。

成长型思维

建议年级

六年级。

活动目标

(1) 让家长明白思维的本质是什么。
(2) 让家长了解改善孩子思维能力的诀窍和方法。

活动准备

讲师准备：多媒体课件。
家长准备：笔记本、笔。

活动说明

成长型思维与孩子未来的成长息息相关。因为具备成长型思维模式的个人认为，有难度的工作可以提升他们的智力和能力。具备成长型思维模式的个人倾向于选择能够帮助他们学习和培养新技能的目标（即便他们开始时可能失败），在面对具有挑战性的任务时能够坚持更久并秉持乐观的态度。那么，如何培养孩子的成长型思维模式呢？

一、回想我们的孩子

（1）通过案例，引发家长关注。

2017年11月26日，在第四届中国未来学校大会上，香港岭南大学的魏向东院长介绍了一项教育实验，这项教育实验仅消耗了2个学时，测量范围是一个学期，学生成绩居然因为这2个学时足足提升4分。学校只让家长和老师做了一件事，却有了很好的效果。

（2）引出思考：到底做了一件什么事呢？我们先来一起看看孩子目前的起点。

（3）家长交流：请各位家长一起回想我们孩子的行为。比如，学习比较被动，要催着才会做；常有畏难情绪，比较害怕挑战；对于成绩，只报喜，不报忧；被指出错误的时候，喜欢找借口。

（4）事实呈现：经过调研，孩子在面对困难时，会产生不同的心理活动。请大家读一读，看看能不能给下面这些心理活动分分类。

① 这太难了，我肯定做不到。

② 又开始批评我了。哼，反正都是我的错。

③ 我做得不够好。下次我怎样才能做得更好呢？

④ 他就是聪明，所以成绩才这么好。

⑤ 他的建议对我其实是很有帮助的。

⑥ 我想试试，我也能做到。

⑦ 我没考好。千万不能被爸爸妈妈看到。

⑧ 他这么优秀，是做了哪些事？我能做同样的事吗？

（5）交流：邀请家长聊一聊自己的分类方式和这么分类的原因。（一般分为消极的和积极的两类）请看第一种类型，孩子如果一直这么想，会发生什么？那么如果是第二种类型呢？

（6）小结：斯坦福大学心理学家卡罗尔·德韦克教授早年发现，孩子会产生两种截然不同的思维方式，一种是固定型思维，另一种则是成长型思维。

二、了解孩子的思维模式

那我们的孩子具备什么思维模式呢？我们可以让孩子来测一测。

> 1. 有些事情我永远都做不好。_____
> 2. 当我犯错误时，我会试着从错误中学习。_____
> 3. 当其他人做的比我好时，我会觉得受到了威胁。_____
> 4. 我喜欢走出自己的舒适区。_____
> 5. 当我向别人展现我的聪明或才能时，我很有成就感。_____
> 6. 我会因他人的成功受到启发。_____
> 7. 当我能做到别人做不到的事情时，我会感觉很好。_____
> 8. 我的才智是有可能改变的。_____
> 9. 我不必试图去变聪明——我本就聪明或我并不聪明。_____
> 10. 我喜欢接受我不熟悉的新的挑战或任务。_____

思维模式小测评

（1）测评结果核验：奇数题号测试题的表述偏向固定型思维，而偶数题号测试题的表述偏向成长型思维。

就全体人群而言，大概有40%的人偏向固定型思维，40%的人偏向成长型思维，还有20%的人介于两者之间。

（2）如果想要更精细地去识别孩子的思维模式，我们可以借助这样一张表格（表1-3）。

表1-3 固定型思维和成长型思维的区别

固定型思维	成长型思维
显得聪明更重要	获得成长更重要
拒绝挑战或死要面子 （我不能暴露我的缺点）	错误是可以改正的 （新任务能带给我新成长）
只对结果感兴趣 （我要证明我获得成功了）	关注新知识和新技能 （我要证明我能成长）
智力、能力都是固定的 （我真聪明/我真差劲）	智力、能力都是可以提高的 （没事，再试一次会变得更好）

（3）思考思维模式的产生：事实上，大多数人都是两种思维同时存在，只是程度不同，唯独婴儿一出生就喜欢探索，关注新鲜事物，且不怕失败。其实，相对"高级"的成长型思维才是天生的，而相对"落后"的固定型思维恰恰是后期才产生的。那么固定型思维是如何在我们心中产生的呢？

三、思维模式的产生

（1）以终为始：让我们以终为始，先来看看面对不同的境遇，具备成长型思维的孩子是如何评价自己的：面对挑战，我渴望学习，迎接挑战；面对障碍和挫折，我不怕障碍和挫折，这是我成长的机会；面对努力，努力是获得成功的重要因素；面对批评，批评是一种反馈，能够给我带来帮助；面对其他人的成功，其他人的成功是我学习的源泉。

是什么在影响着孩子的自我评价方式呢？如何才能培养孩子的成长型思维呢？或许，我们再看卡罗尔教授的另一个实验，就能发现答案。

（2）实验介绍：卡罗尔团队调研了纽约市中心20所学校的400名五年级学生。研究人员将孩子分成A、B两组，并对他们进行第一轮智力测试。测试完后，研究人员会将成绩告诉他，并附一句鼓励或表扬的话。A组的评语是"你很聪明"，B组的评语是"你真的很努力"。第二轮测试中，A组孩子大部分选择了简单的智力题，而B组孩子大部分选择了有挑战的智力题。第三轮测试中，由于难度提高，两组孩子都失败了。而对于失败的原因，A组孩子认为，失败是因为不聪明；B组孩子认为，失败是因为自己不努力。最后一轮测试中，测试题与第一轮测试题一样简单，然而A组孩子的成绩退步20%，B组孩子的成绩进步30%。

（3）小结：外部因素大大影响着孩子最后的表现。当我们开始评价孩子后，我们会过度聚焦结果。例如，"你这次做得这么好，真聪明！"我们也会提前约束。比如，反复强调不能做的事，描述失败的可怕。我们还会随意得出结论。例如，"你确实很聪明"，或者"你真的很拖拉"。

（4）思考：我们这些评价方式真的对吗？我们害怕孩子失败，最后孩子就能成功吗？

四、"更新"语言

那么,什么样的评价语言才能培养孩子的成长型思维呢?
例如,家长可以"更新"自己的语言。

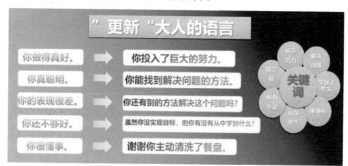

我们也可以引导孩子"更新"自己的语言。

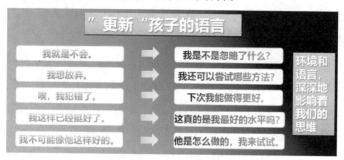

作业

请家长"更新"自己的评价语言,并进行后续交流,谈谈孩子都发生了哪些改变。

亲子沟通

和善坚定，有效沟通

建议年级

一年级。

活动目标

（1）让家长了解什么是正面管教。
（2）引导家长与刚入学的孩子建立有效的沟通方式。
（3）让家长学会倾听、表达技巧等。

活动准备

讲师准备：培训材料。
家长准备：笔记本、笔。

活动说明

随着社会和时代的进步，孩子的想法和能力普遍提高。在亲子沟通中，家长需要不断地学习，采取有效的养育方法，以和善而坚定的方式管教孩子，会有更好的成效。

活动过程

一、了解正面管教

正面管教（Positive Discipline，简称PD）是一种既不惩罚也不娇纵的有效管教孩子的方法，它能够帮助家长和老师建立一种和善而坚定、平等而尊重的养育态度，通过启发、鼓励、连接、关注解决方案等方法，帮助孩子培养自律、自信、责任感、合作以及解决问题的能力等使其受益终身的社会技能和良好的品格。

二、了解亲子沟通的方式

1. 沟通方式回忆

首先请家长回忆一下，您平时是怎么管教孩子的，平时会怎样与孩子沟通？可以写在自己的笔记本上。

2. 观看视频《听听孩子对大人的"教育"》

（1）交流看完后的感受。

（2）小结：看似是孩子的"控诉"，其实是孩子对家长行为的一种模仿。

3. 活动：合作性玩耍

（1）那么不对孩子"哇哇叫"，我们可以怎么做呢？我们来做一个游戏——合作性玩耍。

（2）出示游戏规则。

（3）交流感受。

小结：作为家长，我们要通过规则合理、高效地与孩子沟通。

三、亲子沟通中，为什么要正面管教

1. 情境导入

您的孩子经常打游戏，布置的任务或事情经常不做，您苦口婆心地跟孩子沟通过好多次，孩子也承诺下次一定做到。有一天，您在前一天晚上已经叮嘱了孩子一遍，第二天下班回家，孩子依然什么都没做，您回忆起孩子信誓旦旦的承诺，您想对孩子说……请大家把现在想对孩子说的话写下来，一两句就可以。

2. 角色扮演

请家长上台，一位扮演孩子，一位扮演家长，互相读一读刚才写的话。

（1）怎么回事？又打游戏，这可是最后一次啊！

（2）又打游戏啊？这样下去我很担心你啊！

（3）又打游戏？这样会影响你成绩的啊！

（4）又打游戏，你就这么忍不住啊！

（5）又打游戏，你什么时候能控制一下啊？

（6）这样好多次了，你知道爸爸妈妈一定会很着急的。

（1）我知道游戏非常吸引你，但是毫无克制地打游戏是不可以的。

（2）我知道打游戏是你最喜欢做的事，那我们有什么办法让你能够按照约定打游戏呢？

（3）我知道比起游戏，做作业是很枯燥的事，但是你要知道那是我们学习必要的环节。

（4）我知道打游戏会让你感觉到轻松，但除了打游戏，你还有很多事情得完成。

（5）我想你也不希望爸妈盯着你，你能告诉我你觉得打多长时间游戏合适吗？

（6）我不知道为什么你又要打游戏了，我们能谈谈吗？

3. 询问感受

假如您现在就是这个孩子，听完家长说的这些话，您有什么样的感受？

很多时候我们会发现，虽然费了很大的工夫管教孩子，但是效果并不理想，孩子仍然没有一点变化。想要让我们的管教方式变得有效，我们就需要去了解正面管教的核心理念，也是正面管教课程最重要的基石——和善而坚定。

四、正面管教的方法

请大家回想一下刚才的活动，再用一句话说一说，您觉得什么是和善而坚定。

这是我们目前的理解。如果真的在生活中践行这个理念，我们和孩子的沟通到底是什么样的？请大家欣赏相关影视片段，您可以站在爸爸的角度来看这个片段，也可以站在孩子的角度去看。想一想，您从哪里看到了和善而坚定？（播放影视片段）

和善而坚定是对孩子严厉、不娇纵，在亲子沟通中给予充分的尊重与鼓励。和善意味着要尊重孩子，并不是取悦娇纵孩子；坚定不是惩罚、说教或者其他形式的控制，而是对自己、对当时情形的尊重。

出示和善而坚定的常用沟通话语：

（1）等一下就轮到你啦！

（2）我知道你可以换一种尊重别人的说法。

（3）我很在乎你，会等到我们能相互尊重时再继续谈。

（4）我知道你能想出一个好方法。

（5）我知道你很生气、很伤心，我知道刚才你很委屈。

（6）睡觉前该做些什么呢？

出示和善而坚定的沟通方式：

（1）尊重和鼓励孩子。

（2）帮助孩子体验到归属感和自我价值感。

（3）考虑惩罚对孩子是否长期有效（惩罚是短期有效）。

（4）问启发式的问题。

（5）赢得孩子的尊重与合作。

作业

（1）梳理回顾一下自己的管教方法，选择一个场景记录下来并进行改变。

（2）在与孩子的对话中尝试使用和善而坚定的沟通方式，可以尝试将孩子做了什么、说了什么，您是怎么做的、怎么说的记录下来。

会说会听，良性沟通

建议年级

二年级。

活动目标

（1）帮助家长了解为什么要管教孩子，如何良好地控制自己的情绪。

（2）帮助家长了解鼓励与表扬的区别，尝试运用鼓励的方式去和孩子沟通。

活动准备

讲师准备：培训材料。

家长准备：笔记本、笔。

活动说明

孩子越来越大了，自己的想法也越来越多了，好像没有小时候那么听话了。我们发现孩子越来越难管教了，也因此焦虑、无奈。犯错误是学习的好机会，在本次活动中，我们会更深入地探索这句话的意义。

活动过程

一、视频导入

（1）通过视频引发家长思考与共鸣，请几位家长说说自己在生活中是

否有类似的经历,谈谈自己的感受。

(2)引出话题:为什么现在的孩子越来越不听话?

出示以下三个问题,请家长发表自己的看法:

为什么孩子越来越没有责任感和上进心?

为什么"问题孩子"越来越多,孩子越来越难管教?

为什么以前行之有效的管教方法,对孩子越来越不起作用了?

(3)结合实际案例分析原因,归纳总结。

二、为什么要管教孩子

(1)通过以下几个问题引发家长回忆、思考,并完成培训材料上表格的填写。

为什么要管教孩子?

在管教孩子的过程中,遇到过哪些挑战?

希望孩子长大后具备哪些品格和人生技能?

请家长回忆自己通常采取什么方法管教孩子,记录在表格中。

(2)通过填写表格家长再来想一想,孩子可以从这些管教方法中学到什么?请家长谈谈自己的感受。

(3)出示完整表格,让家长明白平时遇到的种种挑战是孩子品质培养的起点,可以通过合理的管教方法让孩子在这些挑战中养成良好的品质。

(4)指明方向。让家长明白犯错误是孩子学习的好机会。

三、亲子沟通中如何控制情绪

(1)玩游戏:"数7"。

出示表格,请家长在规定时间内数数里面有几个7,之后询问家长里面有几个5或者6。在游戏中启发家长:在孩子犯错的时候,他们的优点可能都被遗忘了。

(2)播放一个家长情绪失控的视频,请家长谈谈看完视频的感受。让家长明白:想要和孩子进行良好的沟通,先要控制住自己的情绪。

(3)结合具体案例,教给家长控制情绪的方法,如运动法、转移注意力法等。

四、亲子沟通中我们该怎么说

（1）请家长思考：表扬和鼓励是一回事吗？请几位家长说说自己的看法。

（2）现场实践。请其中一排家长表扬讲师，另外一排家长鼓励讲师。在此过程中，讲师相机反馈评价。例如：你说的真的是我吗？我怎么感觉不像是我。如果我更好一点……也就是我现在不太好。我怎么觉得你在批评我？

（3）家长们实践后，再请家长来说说表扬和鼓励的区别有哪些。

（4）讲述发展心理学家卡罗尔·德韦克的心理学实验。

讲述过程中注意启发式提问：您觉得第一轮测试中被夸奖聪明的学生在第二轮测试中会选择难的任务还是简单的任务？您觉得努力的学生在第二轮测试中会选择哪种任务？第三轮测试变得特别特别难，你们觉得被夸聪明的孩子测试完成后是怎样的心情？被夸努力的呢？又做了第四轮测试，这一次题目和第一次一样简单。您觉得是被夸聪明的学生完成得好，还是被夸努力的学生完成得好？

提问：现在还敢说自己的孩子聪明吗？

（5）讲师解读表扬与鼓励的差别：表扬通常是针对结果，而鼓励是针对过程。

（6）家长通过实践学习如何鼓励孩子。

① 讲师给家长提供一些鼓励性的语言：

我注意到你……您可以描述孩子一个富有亮点的细节和行为。

我欣赏/感谢你……这是对孩子优异的表现表示感谢和支持。

我相信你能……这样的语言可以赋予孩子前进的能量。

② 家长实践：请几位家长重新鼓励一下讲师。其他家长判断他们说的是不是鼓励，是哪种类型的鼓励。

③ 家长角色扮演练习：设置几个家庭亲子沟通的情境，让家长运用所学尝试给予鼓励性回应。

（7）家长谈学习完本节课程的感受。

作业

（1）在亲子时光中尝试给予孩子鼓励性回应，并进行记录。

记录内容：当时发生了什么，孩子说了什么，您说了什么，孩子是如何回应的（语言或者非语言的）。

（2）给您的孩子写一张便条，指出孩子身上所具备的一个令您欣赏的品质。便条放置的地点可以多样化。例如，可以贴在浴室的镜子上，放在孩子的枕头上或者晚餐餐盘下面等。

公约先行，尊重理解

建议年级

三年级。

活动目标

（1）帮助家长了解进入三年级孩子会发生的变化。

（2）帮助家长学会如何召开家庭会议，如何制订公约，如何增强家人之间的合作和亲密感。

活动准备

讲师准备：培训材料。

家长准备：笔记本、笔。

活动说明

孩子进入三年级，您是否感觉自己和孩子的关系发生了一些微妙的变化？比如，有时候孩子不像以前那样听话，在一些事情上孩子开始坚持自己的想法，您和孩子都开始考虑解决冲突的方式等。这些变化都与孩子的自我意识相关。在亲子沟通中，您可以与孩子进行合作，让孩子有自我体验感。

成为"OK家长"的30个锦囊

活动过程

一、认识三年级的孩子

1. 案例导入

（1）家长阅读案例。

图图从二年级开始学习游泳，三年级开始不愿意再去学习，第一次发很大的脾气，在床上拍打枕头，说是需要发泄。等稍微冷静下来后，家长问图图发脾气的原因，图图的理由是教练太严格，游泳太辛苦，坚决不愿意继续学习游泳。

家长发表了自己的看法：没有运动是轻松的，没有什么练习是不出力的。图图开始继续找理由。通过与教练沟通，家长发现图图学习游泳时会偷懒，鼓励和批评的方法都不奏效了。

（2）请家长思考：是不是从图图的身上看到了自己家孩子的影子？

（3）小组交流：进入三年级，孩子有哪些变化？

（4）小组汇报，现场请一位家长负责将关键词记录在黑板上。

回顾黑板上的关键词，请家长思考：您有什么发现？有什么感受？

2. 讲师归纳总结

（1）孩子不像以前听话了；

（2）开始坚持自己的想法；

（3）批评或鼓励有时候不奏效；

（4）孩子开始尝试自己解决问题。

三年级的孩子开始有意识地跳出家长的保护圈，希望独立地面对挑战。家长则需要采用合适的沟通方式，让孩子逐渐获得成长的主动权，在必要时给予孩子建议和指导。

二、学习制订公约

面对三年级孩子出现的这些变化，家长该怎么与孩子进行沟通呢？这是我们接下来需要讨论的话题。为了保证今天的讨论和学习效果，我们需要制订学习公约，大家觉得在今天的学习中我们要一起遵守哪些约定？

家长自由发表意见，请一位家长记录在黑板上。

家长表决（大拇指向上代表同意，向左或右侧代表弃权，向下代表反对），记录票数。

对于有问题的内容重新修改再表决。

大声朗读全体通过的公约，提出今天我们每一个人都要遵守公约，询问大家意见。

回顾整理：通过刚才这个活动，你们有什么新的想法和感受？

分享感受：发挥公约的作用是非常重要的，我们在接下来的学习过程中，直接用"按照公约，我们接下来应该做什么"来替代唠叨。

讲师小结：这便是正面管教中的制订公约，制订公约可以很好地代替重复唠叨。家长也可以通过召开家庭会议的方式制订家庭公约，这样孩子就能清楚地知道接下来应该做什么。

三、召开家庭会议

公约的制订可以帮助我们在一段时间内与孩子良好沟通，除此之外，在亲子沟通中，家庭会议也可以帮助我们解决很多问题。那么如何召开家庭会议呢？

（1）介绍本次家庭会议的主题和步骤，直到每个人都能够理解。

（2）致谢或感激：每位家庭成员说一段感激其他家庭成员的话，这是一个非常重要的环节。

（3）家庭会议的议程：这份议程要贴在家里的墙壁或者冰箱上，以便每位家庭成员都可以把本周的问题写在上面。

（4）发言棒：可以传递一个发言棒，以帮助每位家庭成员记住一次只允许一个人发言，并且每个人都需要轮流发言。比如，可以使用一个小话筒，或者是一个笔筒等，让家庭会议具有仪式感。

（5）头脑风暴：头脑风暴就是大家尽可能想出更多的解决方案，哪怕是"可笑"的方案。头脑风暴时，无须讨论，可以把这些方案都写下来。

（6）确定记录员：谁愿意做我们的记录员，记下每个人的建议呢？

（7）鼓励孩子先发言：谁愿意先来分享一些方案呢？如果没有人发言，你可能需要用一些"疯狂"的方案和一些可行的方案来启发他们。比如，把脏盘子扔到垃圾桶里怎么样？或者，这周每位家庭成员负责一天的家务如何？但是要允许先有一段沉默的时间。

（8）使用3R1H评估提出的解决方案：3R1H即为相关的（Related）、合理的（Reasonable）、尊重的（Respectful）以及有帮助的（Helpful）。

（9）选择解决方案：大家希望把这些建议缩减成一个解决方案，还是希望尝试不止一种解决方案？可以在下周的家庭会议上对这个或者几个方案在这周的执行情况进行评估。

（10）娱乐活动：家庭成员轮流选择一个活动，在每次家庭会议的结尾进行。例如，猜字谜活动等。

讲师小结：要记住，学习诸如合作之类的技能是需要时间的，要召开家庭会议并继续下去，最好每周召开一次家庭会议，刚开始肯定会有些不习惯，但是一定要坚持。

四、成为孩子的后盾

1. 扮演好"救星"角色

这个年龄段的孩子逐渐有了自己的主见，当家长与孩子的选择有偏差时，准备好成为孩子的"救星"，就是一种保护和激励孩子的方式。

2. 夸赞孩子要走心

面对三年级的孩子，夸赞要让孩子觉得恰如其分。比如，当孩子完成了公约中的事情时，需要夸赞孩子"你做事很有条理""你的学习方法很好""我很赞赏你的能力"等。

3. 保护孩子的自尊心

在与孩子交流时，不能随心所欲地贬低孩子，要学会使用期待的话语点评孩子的缺点。比如，家长可以在肯定孩子的其他优点后，接着表达"我相信你还可以加快做事的速度"。

4. 指导孩子自我评价

孩子在遭受失败的时候最容易自我否定，怀疑自己，家长需要及时纠正孩子不相信自己的消极评价，应鼓励孩子，明确表达家长对他的正向评价。

(1)选择一个话题召开一次家庭会议,在会议中尝试制订家庭公约。

(2)观察孩子的行为变化,以家庭公约为准则进行评价。

(3)学习使用正确的话术,成为孩子的后盾。

设定目标，自我管理

建议年级

四年级。

活动目标

（1）帮助家长了解四年级孩子的身体和心理变化。

（2）引导家长学习与孩子制订惯例表，实现孩子的自我管理。

活动准备

讲师准备：培训材料。

家长准备：笔记本、笔。

活动说明

进入四年级，孩子的情绪、情感进入突变期，情感外露，容易激动，自我评价意识形成，更加有自尊心、敏感，难以接受批评。我们需要帮助孩子适应变化。

活动过程

一、认识四年级孩子

最近童童与父母的沟通出现了一点问题。父母越想问童童时，童童越不想说话。有时不管童童在做什么，父母都要说他几句，最后大家都不欢而散。有一次童童回到家时心情不好，爸爸问都不问原因就以为是他测验没考好，又忍不住大声训斥他。童童十分气愤，便问爸爸为什么随意批评他。

（1）家长谈谈读完这段文字的感受，思考自己与孩子之间是否有类似的情况出现。

（2）讲师出示：四年级的孩子看起来稚气未脱，但是已经接触到了平等自由的思想。四年级的孩子进入情绪、情感的突变期，情感外露，容易激动，自我评价意识形成，更加有自尊心，更加敏感。

二、与孩子平等地沟通

出示父子对话，请两位家长分别扮演父亲和孩子。

请家长思考：您觉得哪一位父亲是真的在听孩子说？哪一种沟通方式才是有效的？

（1）第一种沟通方式就是唠叨，把自己的想法一股脑地说给孩子听，而没有考虑孩子的情绪和感受。对于孩子来说，他们是难以想象爸爸妈妈所说的这一切的，学历和工作都离他们非常远，所以爸爸妈妈的话对他们来说完全没有意义，沟通效果也就可想而知了。

（2）在第二种沟通中，父亲首先理解孩子的情感，倾听孩子心里的想法，然后告诉孩子学习的意义，最后讨论了孩子感兴趣的话题，让孩子把厌学的情绪转移到了其他方面，这是比较合适的沟通方法。

为什么会出现不同的状况呢？

沟通有三个要素：沟通者、沟通对象和沟通内容。如果想达成一次有效的沟通，就必须考虑到每一个要素。沟通时注意以下几点：

（1）在平等的基础上进行沟通。

（2）沟通中要有察觉情绪、解读情绪的能力。

（3）给孩子更多的机会自己做决定。

三、与孩子更好地相处

1. 体验控制的感觉

（1）把家长们分成三组，每组有一把椅子。

（2）邀请两位志愿者，示范三人的位置：一人坐着，两人站在椅子后面,把手放在坐着的人的肩膀上。

(3) 解释:坐着的人的任务就是要站起来,站着的人的任务就是让坐着的人一直坐在椅子上。提醒大家照顾好自己,如果颈背有问题可以做观察者。

(4) 30秒后轮换角色,让每个人轮流尝试每个位置。

(5) 询问站着人的感受:刚才您的感受如何?您注意到自己在做什么吗?

(6) 询问坐着的人:刚才您的感受如何?您注意到自己在做什么吗?

在亲子沟通中,家长同样不要控制孩子,要邀请孩子一起合作,可以一起制订日常惯例表,然后让孩子按照自己的惯例表行事,而不是由家长来告诉孩子该做什么。

2. 制订日常惯例表

(1) 示例:列出睡觉前应完成事情的清单。

(2) 清单包括收玩具、洗澡、换睡衣、刷牙、找衣服、读晚间故事等。

(3) 让孩子把这些内容抄在一张表上,并张贴在醒目的位置上。

(4) 孩子每天睡觉前就会按照惯例表去做,您可以问孩子:"根据你的惯例表,接下来该做什么?"

制订日常惯例表可参考以下要求:

(1) 每次专注于一个问题。

(2) 在互相平静的状态下讨论问题。

(3) 运用可视化的方式,如表格或清单。

(4) 花时间训练。

(5) 忠实地遵循惯例。

制订一份日常惯例表,并与孩子一起坚持完成表格中的事项。

走出误区，建立信任

建议年级

五年级。

活动目标

（1）让家长了解五年级孩子的变化与特殊性。
（2）让家长学习如何与五年级的孩子进行和谐、有效的亲子沟通。

活动准备

讲师准备：白板和白板笔。
家长准备：笔。

活动说明

孩子的成长是一个"混乱—成长—平衡发展"不断循环的过程，在这个过程中，孩子会有相对平静的阶段，也会有因成长而浮躁不安的时期。五年级的孩子就处于后一个时期，他们的自我意识增强了，不是家长说什么就做什么了，这个时期，家长该怎么做呢？

活动过程

一、认识五年级孩子

1. 案例导入

（1）请家长阅读案例。

一位妈妈在其微信朋友圈分享的内容：

每次看到班级微信群里其他家长谈论作业，我总会忍不住问孩子："××作业，你完成了吗？"孩子镇定地回答："这不是您该烦的！"乍一听，这小子有点儿不知好歹，不过我听到了长大的声音。这个学期开始，孩子似乎叛逆了很多，每每看到孩子磨蹭、缺乏时间观念时，我的声音就不自觉地提高了；看到孩子口到而行动不到时，我就忍不住开始了"贵在行动"的唠叨……不少时候我们在"唇枪舌剑"中红了眼睛，哽咽了声音。

（2）请家长思考：这位妈妈在其微信朋友圈里的描述，您和您家孩子是否也有类似经历？

（3）小组交流：孩子进入五年级后，有哪些改变？

（4）小组汇报，现场请一位家长负责将关键词记录到黑板上。

和家长一起回顾黑板上的关键词，思考：您有什么发现？有什么感受？（请家长谈一谈）

2. 讲师总结归纳

（1）孩子开始与家长"作对"了。

（2）孩子开始"用嘴伤人"了。

（3）哄骗性质的表扬开始对孩子失效了。

二、亲子沟通存在的误区

误区一：孩子那么小，能有什么心思呀

（1）出示案例，家长阅读。

在所有的老师中，我最喜欢教美术的黄老师。他戴着一副黑色边框眼镜，微卷的齐肩长发，稀疏的胡茬，透着艺术家的风范。只要一见到他，我心里就有一种说不清道不明的感觉。每次看见他认真辅导别的女生画画，我心里真不是个滋味。慢慢地，我终于明白了自己的感觉：一个小女孩想要得到大哥哥般的关爱与呵护，但不希望与别人分享。这种感觉一直压在我心底，没有对任何人说，我怕别人说三道四、指指点点。

（2）请家长谈谈读完的感受。

（3）请家长思考：如果这件事发生在您的孩子身上，您会怎么做？

（4）讲师小结：不要以为孩子年龄小就没有自己的思想，他们只是现在还不太擅于表达。家长应认识到孩子是一个有着独立意识的人，接受孩子有自己的想法，才能够慢慢打开了解孩子的大门。

误区二：这儿没有你说话的份

（1）情境表演：请两位家长分别扮演爸爸和孩子，孩子在向爸爸发表看法的时候，爸爸总是打断他，认为这里没有小孩子说话的份。

（2）表演结束，请表演者分别谈谈感受，特别关注扮演孩子的家长的感受。

（3）请台下家长谈谈感受。

（4）讲师小结：承认孩子与家长是平等的，就是给予孩子同等的尊重。家长总认为自己比孩子懂得更多，有时孩子一发表意见，家长就会立刻打断他，并表示"小孩子不要插嘴"或是"这儿没有你说话的份"；如果孩子发表的意见与自己不同，家长对待孩子的态度可能会更差。有关孩子的事情要听取孩子本人的意见，孩子应当是第一个发言者。比如，暑假如何安排、阅读哪些书籍、作业时间如何分配、男女同学如何正常交往等。多给孩子说话的机会，并且确保交流是民主的、平等的，家长才会对孩子多一份了解。

误区三：没什么大不了的

（1）提问男生家长：您的孩子喜欢收集卡片吗？您是怎么看待这件事的？

（2）提问女生家长：您的孩子喜欢收集明星海报吗？您是怎么看待这件事的？

（3）提问所有家长：在您小时候，有没有做过类似的事情？

（4）讲师小结：许多在孩子看来无比重要的事情，家长却认为不值一提。比如，孩子喜欢收藏卡片，家长却觉得卡片既不值钱又浪费时间，扔了也没什么大不了的，所以宁可花大价钱给孩子买集邮册，认为集邮才叫收藏。其实不管收藏什么，只要孩子自己乐在其中就足够了。家长用欣赏的眼光来看待孩子，会发现自己与孩子更贴近了。

三、亲子沟通的方法

1. 听懂孩子话中的潜台词

（1）情境表演：

情境一：

孩子：妈妈，这次萌萌没考好，她很害怕。因为她的妈妈很看重成绩，前段时间还给她请了一对一家教，花了不少钱。今天放学她都不敢出校门了。

妈妈：真为萌萌难过。成绩下滑得找找原因，不管怎样，萌萌应该相信妈妈爱的是她，而不是分数。

孩子的潜台词：要是有一天我也让你们失望了，你们会怎样对待我呢？

家长忌语：萌萌妈妈需要淡定了，她期望那么高，钱花了不少还没效果。

情境二：

孩子：今天远远上课迟到了，情绪很不好。听说他的父母离婚了，他跟了妈妈。

妈妈：远远一定很伤心。他爸爸妈妈离婚一定有不得不离的原因。告诉远远，他爸爸妈妈还会像以前一样爱他的。

孩子的潜台词：你们不会哪天也离婚不管我了吧。

（2）请表演者和观众分别谈谈感受。

（3）讲师小结：如果家长发现孩子不敢表达真实的想法，总是需要逼着孩子说实话，或是孩子会对家长撒谎，家长就需要反思一下自己与孩子的交流方式了，看看自己是不是太强势，或是太不关注孩子的感受，让孩子觉得不能对家长说实话。

2. 全家人的游戏时光

（1）家长阅读案例：

蒂姆和克丽都是教师，育有两个女儿，大女儿埃米现年10岁，小女儿埃拉8岁。

看到女儿闲时总是看电视或是玩电子游戏，为了防止两个女儿变成"沙发土豆"，夫妇俩决定给女儿们下达一年的电视禁令，并且在征求她们意见后列出了100项户外活动清单作为补偿。为了鼓励女儿，夫妇俩也全程参与户外活动。

这100项户外活动不仅有娱乐的功能，还兼顾锻炼胆识和培养生活、社交技能的作用。内容除了浮潜、滑雪、漂流、攀岩、在城里露营、户外庆生、在野外生火和觅食、岩洞探险之外，还有参加音乐节、24小时不用电、在母亲节为妈妈做饭、卖面包筹善款、参加社区劳动等。这些活动安排在周末或假期，且不受季节影响。

克丽说："我们的宗旨是只要孩子想去，就努力实现。"一年下来，全家人都变得自信而开朗。

（2）请家长谈谈感受。

（3）讲师小结：孩子宅在家里对大脑没有好处，玩什么不重要，重要的是全家人一起玩。

至少享受一次全家人的游戏时光。

互相学习,共同成长

建议年级

六年级。

活动目标

(1) 帮助家长了解六年级孩子的特点。
(2) 引导家长重新思考怎样才能和孩子保持和谐友好的关系,如何和孩子一起成长。

活动准备

讲师准备:培训材料。
家长准备:纸、笔。

活动说明

在孩子小时候,家长和孩子的关系是亲密无间的。孩子长大后渐渐有了隐私,与家长的距离越来越远。家长怎样才能和孩子保持亲密无间的关系呢?

活动过程

一、六年级孩子的变化

1. 和家长的冲突增多

(1) 请家长阅读下面的案例。

我女儿现在读六年级了，小时候一直都是聪明伶俐的，嘴巴也甜，特别讨人喜欢。但最近孩子的性情发生了一些变化，变得不爱搭理人，平常跟她说一，她总能反驳个二。以前，她很喜欢跟着我们外出游玩。最近，我们说要出去，她却不愿意。在家时，我们也没看见她认真做什么事，就是倒腾一下玩具、书本，也不爱跟我们说话。

（2）家长谈谈读后的感受，思考自己的孩子是否也有类似情况出现。

（3）讲师出示：根据心理学家的研究，11～16岁是孩子的"心理断乳期"。随着孩子接触范围的扩大，知识面的增加，他们的内心世界丰富了，极易对家长产生逆反心理。他们认为自己已经长大了，对社会、对人生有着与家长不同的看法，不愿意家长处处管教自己，于是时时与家长顶嘴，事事和家长抬杠。

（4）如何减少冲突？

讲师分享以下两个小妙招，并结合具体案例进行讲解：

陪伴且放手。

放松，家长不可能控制所有的事情。

2. 处于情绪的"疾风骤雨期"

（1）案例引入。

案例一：

最近我脾气不太好，常常会因为一些小事跟爸爸妈妈起争执。有时学习太紧张，我会把我的不开心发泄到别人的身上，就像妈妈说的"发大小姐脾气"。

我会朝着家人乱发脾气，有时候只是为了鸡毛蒜皮的小事儿，有时候什么事都没有，只是生气想发火。有时会莫名地想哭，没有原因，于是固执地锁上门，独自蜷缩在角落里哭个痛快。

案例二：

儿子读六年级了，长得比我还高。看着他一天天长大成人，我心里有说不出的喜悦和骄傲，可也充满担忧。正处于青春叛逆期的儿子，情绪变化多端，脾气说来就来，完全不像曾经温和的他。我为此很是苦恼。

有一次，学校组织亲子游。汽车摇摇晃晃的，困倦的儿子时不时把头搭在我的肩膀上。我便对他说："这样多累，你就靠着我肩膀睡会儿吧。"周围都是同学和父母，儿子开始有些拘谨和不自然，但毕竟是累了，索性就枕着我肩膀睡了一路。

儿子自从6岁分床而睡后,好久没有和我这么亲近了。

没想到,那次旅游回来后,儿子变了许多。看电视的时候,我靠着他,他不再躲闪。爸爸偶尔摸摸他脑袋,他也不再抗拒。有一天,儿子出门的时候,拥抱了我一下,这让我既意外又很享受。

渐渐地,上学时的拥抱成了我和儿子之间心照不宣的默契。一段时间下来,我发现,儿子乱发脾气的毛病也改了不少。

(2)家长谈谈感受。

(3)讲师小结:拥抱能够让孩子重拾童年安全、踏实、温暖的感觉,增进亲子之间的亲密度,让孩子的情绪更加稳定、平和。

二、孩子也可以成为家长的老师

1. 教育不再是成年人对孩子独有的权利

(1)分享小故事。

南京大学社会学院周晓虹教授在一次家庭教育论坛上讲了两个小故事:

1985年,周晓虹的父亲给了他两百块钱去买衣服,特意叮嘱不准买西装。在当时老年人的观念中,西装仍然是资产阶级生活方式的象征。而到了1988年的春节,周晓虹回家,他的父亲打开衣柜,从里面拿出一件西装和一根领带,让他教怎么打领带。

学校里有一位美学教授跟别人讨论计算机怎么使用,每当他跟别人辩论不下去时,他就会说:"你说得不对,我儿子说应该是……"

(2)家长谈谈自己的感受。

(3)讲师小结:在社会学家周晓虹看来,常用的语言从"我爸爸说""我们老师说"到"我儿子说",是一种新的代际革命。知识的来源、判断的依据和对错的标准,已经从年长一代的手中转到年轻一代的手中。

2. 发现孩子的优点才能向孩子学习

(1)生活中有这样一个现象:

当孩子是中小学生时,家长之间交谈,很容易说到自家孩子的缺点,比如做作业不认真、学习不刻苦、做事特别磨蹭之类。一旦孩子上了大学、参加工作,家长就很少在外人面前讲自己孩子的缺点和不足了,谈及的往往是孩子的优点，如孝顺、工作认真、领导认可等。

（2）为什么在孩子的成长阶段，家长不能发现孩子更多的优点呢？也许是家长望子成龙、望女成凤的强烈愿望无形中放大了孩子的缺点，对孩子的优点熟视无睹。

（3）讲师分享小贴士：

心理学上有一种"视网膜效应"，指的是当自己拥有一件东西或一项特征时，就会注意到别人是否和自己一样具备。当一个人只知道自己的缺点是什么，而不知道发掘自身的优点时，"视网膜效应"就会促使这个人发现他身边也有许多人拥有类似的缺点，进而使得他的人际关系无法改善，生活也不快乐。例如，那些常常说别人很凶的人，其实自己脾气也不太好。这就是"视网膜效应"的影响力。

家长拿出纸笔，写一写孩子的优点，并谈一谈学习完本节课程的感受。

作业

（1）当孩子情绪不好时，抱一抱孩子。

（2）在生活中，多发现孩子的优点，并告诉孩子。

人际关系

正确认识人际关系

建议年级

一年级。

活动目标

（1）引导家长理解孩子交往问题在成长中的重要性。

（2）通过问卷帮助家长了解自己孩子的性格特征。

（3）带领家长理解孩子之间玩闹和校园欺凌的区别，引导家长帮助孩子提高处理同学之间小摩擦的能力。

活动准备

讲师准备：多媒体课件、问卷、现场练习的材料、视频节选。

家长准备：笔记本、笔。

活动说明

刚入学的一年级孩子面临着环境和学习方式的改变，从依附于家长逐步过渡到独立交往。孩子如果没有经历过人际交往训练，往往会因为受到人际交往问题的困扰而对一年级的入学产生抗拒心理。此次家长学校活动，力求从科学、可训练的角度指导家长正确认知和处理孩子人际交往问题。

活动过程

一、家校观点碰撞，产生关注焦点

1. **家长问卷反馈**

出示一年级家长对孩子人际交往的关注度和关注点的问卷结果。

2. **教师问卷反馈**

对比呈现一年级教师在一个多月的观察中归纳的孩子在交往中遇到的较常见的问题及具体现象。

（1）交往不文明，行为不友好。

现象：骂人，欺负同学，不遵守班级公约，任性，在和同学及老师交往过程中发脾气，经常表现出不友好的态度。

（2）性格内向，不善表达。

现象：下课和午休时间经常一个人闲逛或看书，与同学极少交流，从不主动与同学交流。

（3）自我封闭，缺乏自信。

现象：遇到高兴或不高兴的事都是一个人放在心里，集体活动中非常害羞，无法主动表达想法，缺乏自信。

（4）行为障碍。

现象：由于先天问题或后天成长过程中的某些问题，行为举止不同于同年龄的孩子，语言障碍明显，从而影响交往行为，形成人际交往障碍。

（5）认知障碍。

现象：一年级孩子刚入学，小学的社会化过程适应缓慢，角色意识认知迟缓，在集体交往过程中受成长经历的影响形成交往障碍。

3. **介绍课程内容**

我们发现，家庭教育的关注和引导对一年级孩子问题的处理有一定的助益。孩子人际交往的问题在以往的家庭教育中未被发现，但孩子进入小学后容易暴露出来，这就需要我们一起来梳理问题，找到解决的方法。

二、走出惯性误区，建立科学养育体系

1. 了解惯性误区

通过案例分析，帮助家长认识到孩子的人际交往问题有时候是他们不当的认知和养育方式造成的。

家长没有认识到自身的问题，导致孩子出现了人际交往障碍的一个常见情况——害羞。有些孩子和谁都自来熟，我们常常会用"社牛"来形容他，而有些孩子似乎无论我们怎么鼓励，都怯生生的，对任何事情都害羞。害羞是天生的吗？怎么让害羞的孩子主动与人交往呢？

带领家长进行现象回顾：当家长要求孩子与陌生人打招呼，而孩子不愿意、退缩的时候，家长是如何做的？

描述：有些家长为了避免自己的尴尬，往往会说："这个孩子就是害羞，每次遇到陌生人就躲妈妈身后。"甚至有时候还会回头责备孩子两句："你怎么这么不懂事，不听话，让你叫人都不叫，太没礼貌了。"

2. 认识孩子，认识自己

遇到陌生人不愿意打招呼，是家长给孩子贴上"害羞"标签的最常见时机，既是化解自己的人际交往尴尬，也是为自己找寻的借口。然而，家长用孩子性格内向来掩盖问题，无法真正了解和帮助孩子。

引用简·尼尔森的一段话：孩子们常常接受别人给他们贴的标签，并且会用这些标签来寻求过度关注，作为消极力量，在感觉自己受到伤害时进行报复，或者作为在受挫折时予以放弃的一种方式。需要引起家长反思的是孩子表现害羞的背后是寻求关注、权利之争、进行报复还是消极放弃。

3. 对待"害羞"孩子的科学养育建议（案例式）

（1）认识到孩子退缩不一定是坏事，但孩子是很敏感的，如果孩子感受到家长贴标签式的"好"与"坏"，很容易将原来的谨慎演变为消极放弃。

（2）当孩子确实退缩、不想回答问题时，不要代替孩子回答，允许孩子用自己的方式处理问题。

（3）不要给孩子贴上"害羞"的标签，改变家长自己在交际场合介绍孩子的方式，允许孩子用自己的方式与人交往，而不是强迫孩子接受家

长的方式。

（4）反思自己是否过分在意孩子在交际场合与人打招呼的问题，从而陷入与孩子的权利之争。孩子利用家长给的"害羞"标签来为自己赢得不和人打招呼的权利。

（5）如果初入一年级的孩子已经因为以往的标签或家长的过度保护在人际交往的时候形成障碍，家长可以这样告诉孩子："来到新的学校学习是不是感觉很不安？有这样的心情很正常，但是你还是需要去上学。我们怎么做才能让你感觉舒服一点呢？"

4. 触类旁通、预防惯性

让家长思考家庭教育对性格养成的重要性，并提供以下工具与方法，预防其他错误养育方式：

（1）让孩子接纳自己，无论是内向还是外向都是一种特别的性格特点，都有各自的优势，没有好与坏的区别，让孩子发现自己的特点。

（2）对待孩子的交往问题，不要过度保护孩子，怕孩子吃亏受骗。让孩子对自己的交往问题有选择权和决定权。

（3）当发现孩子的人际交往遇到困难的时候，与孩子聊一聊，多倾听，少教育，询问孩子需要什么帮助。

（4）与孩子进行模拟练习不想说话的时候可以怎样回应。和孩子一起开展情境练习，教会孩子一些语言表达。比如说："我现在不想说话。"并且告诉孩子他这样说的时候不会受到指责。

（5）不要强迫孩子做他还没准备好或不愿意的事情。比如：有些家长喜欢让孩子在家庭聚会的时候表演才艺。要尊重孩子的意愿，当孩子说不想要表演的时候，不要试图劝说孩子，而是要理解和支持他的决定。

（6）创造一个安全的环境，营造解决问题的氛围。当确实有人际交往问题需要解决的时候，可以召开家庭会议讨论。

三、积极练习，做孩子交往的示范者

（选择其中的一两个工具具体阐述，其余的简单描述，在后续的家长学校活动中逐步练习）

1. 怎样"听"，家长来示范

（1）情景剧：积极倾听与以自我为中心的倾听的对比。

（2）调动全身积极倾听。

帮助家长理解什么是积极倾听，并回忆自己是否有让孩子感受过被积极倾听。

（3）现场模拟练习。

出示积极倾听提醒贴和对话情境，请2组家长（共10位）中的2位模拟练习积极倾听，其他在场人员做简单记录："我认为……是积极倾听者。因为……"完成后集体交流。

积极倾听提醒贴：和对方保持眼神交流，认真听对方说了什么；脸面向说话的人，重复你听到的内容，不要随便说出批评或不受欢迎的话；轻轻点头示意，接一些简单的回应话语；手和脚不要乱动，避免分心；等对方停下来，自己再说话。

2. 如何沟通，家长是榜样

大部分的家长都有较强的责任意识，认为应该帮助孩子树立正确的价值观，指导孩子做正确的事，所以总是让自己扮演说教者的角色。但是这样的说教往往不能让孩子成为独立思考者。在学习了如何倾听以后，怎样回应孩子才能提升孩子的思考能力呢？建议家长采用启发式谈话。

（1）问启发式问题。

通过情境感悟，练习问启发式问题，本次课程设计的是孩子丢了他最喜欢的一支铅笔，他认为是被同班同学偷了。

家长通过情境学习感悟以下要点：

① 要有对孩子的困扰关注的态度，而不是敷衍孩子。

② 练习使用"发生了什么事？""你认为为什么会发生这些事？""你对这件事有什么感受？""你怎样才能把这次学到的东西用于将来？"

（2）使用"我注意到"句式。

避免明知故问的问题，如"你刷牙了吗？""作业写完了吗？""房间收拾好了吗？"改用"我注意到"句式："我注意到你没有刷牙，现在去刷吧。""我注意到你没有完成作业，你计划什么时候完成？""我注意到你没有收拾房间，你想什么时候收拾呢？"

（3）召开家庭会议。

简单回顾家庭会议的流程，请家长思考，使用家庭会议的沟通方式对孩子未来的人际交往有哪些帮助？孩子可以从中学习和借鉴到什么？从而形成怎样的技能?

3. 交友环境如何创造，家长是责任人

（1）播放视频片段。

（2）交流视频中的片段给我们的启发。

在交流的过程中结束第三个板块，让家长意识到自己的行为带给孩子的影响。对于已经存在的问题，家长不要一味地要求孩子，而要努力改变自己。给孩子树立榜样，才能让孩子的人际交往向着期待的方向发展。

四、情绪管理，理性赋能孩子交往

近年来，随着一些典型性事件的不断发生和网络媒体的扩散传播，校园欺凌现象受到全社会的高度关注。但是家长不可以过度解读，把一些正常发生的同学矛盾，同伴间的推搡打闹也一味升级为校园欺凌。在解决同学矛盾的过程中，家长的情绪控制和有智慧地处理可以帮助孩子学会有效鉴别校园欺凌，提升孩子解决问题的能力和自我保护能力。

1. 怎么理解同学矛盾

（1）现场调查家长对"同学矛盾"是如何界定和看待的。

（2）问题是学习的好时机，认识到孩子与同学发生矛盾的时候，正是可以提升孩子交往品质、培养合作精神、建立规则意识、提升交往能力等的时机。

2. 怎么介入同伴打闹

（1）案例分享、引发思考。

在学习现场通过案例再现，引发家长对同伴打闹处理流程的思考，并初步达成以下流程：首先，积极倾听，让孩子表达心中的情绪，此时，家长要接纳孩子的任何情绪，不可说教，亦不可让自己的情绪失控。最后，等孩子的情绪平复后，家长可以采用"启发式"谈话，让孩子回想事情是怎么发生的，思考从中学到了什么，以后怎么处理。

（2）如果打闹的程度较为厉害，发生的频次较多，家长需要进一步帮助孩子学会寻求保护、避免欺凌的方法。

3. 怎么界定校园欺凌

（1）引用专业概念，让家长对校园欺凌有科学的理解。

（2）介绍学校对学生的安全防护举措。

（3）家长学习如何帮助孩子鉴别校园欺凌，特别是非暴力型欺凌，让孩子学会寻求保护的方法。

五、活动总结

请家长谈谈参加这次家长学校活动的收获。

作业

记录在这次家长学校活动后一个月内发生的孩子交往问题的一个情境，详细记录自己如何倾听、如何提问，以及孩子如何处理的过程。如果没有问题事件，也可以记录孩子在这个月中帮助别人的一件事，详细记录孩子是在什么情况下说的、事情的过程，以及家长是如何回应的。

自信力和交往力

建议年级

二年级。

活动目标

（1）帮助家长了解自信对孩子人际交往的重要性，以及孩子的交往能力是可以通过练习提升的。

（2）通过案例帮助家长理解管理情绪是让孩子人际交往更顺利的方法，掌握帮助孩子管理自己情绪的初步方法。

活动准备

讲师准备：多媒体课件，提前录制的"4个我"练习小视频，复印"搜集反馈单"、"我的个人空间"认知单和"OK赞美贴"。

家长准备：笔记本、笔。

活动说明

自信力是能准确评估自己优势和劣势的能力，这种能力在孩子的人际交往中发挥着重要的作用。家长需要建立自信力可培养、可训练的科学养育理念。

一、自信力的养成

1. 开篇谈话

（1）向现场家长调查了解，如何理解自信力？孩子是不是一个拥有自信力的孩子？哪些方面让我们有这样的判断？

（2）揭示自信力的概念，重点强调自信力的核心是正确认识自己，并拥有乐观态度和成长型思维。

2. 正确认识自己的方法——"4个我"

（1）介绍美国心理学家乔瑟夫·勒夫和哈里·英格拉姆的"4个我"理论（表3-1）。

表3-1 "4个我"理论

类型	自己知道	自己不知道
别人知道	公开的我	盲目的我
别人不知道	隐藏的我	未知的我

（2）举例介绍每个"我"的含义。

（3）观看一位同学在进行自我分析和同伴信息搜集后的感想。

（4）介绍"我眼中的自己"和"搜集反馈单"（后附）的使用方法。

3. 提升自信力，战胜习惯性自卑

课堂上，我们鼓励孩子的时候经常会说：自信点，勇敢点，说错了也没有关系。生活中，当孩子要放弃的时候，我们也常常说：自信点，再试试。但是如何让孩子掌握什么是"自信"呢？可以进行下面几个训练。

（1）练习积极自我对话，可以参考表3-2。

表3-2 积极自我对话示例

不要说	可以说
我不会	我只是现在还不会
我害怕会失败	我总能从失败中学习
太难了，我根本做不到	我需要付出更多的时间和精力才能做到

续表

不要说	可以说
我放弃了	我还可以试试其他方法
我永远不可能像他一样聪明	我要知道他是怎么做的,我也要试试
我讨厌别人的建议	我很珍视别人的反馈,我可以听取建议,主动学习
我害怕来到一个新环境	我可以尝试适应新环境

（2）整理优点清单。

让孩子当场整理一份优点清单,家长可以给孩子启发和补充。日后孩子每发现自己的一个优点,就随时补充上去,把优点清单贴在孩子房间里最显眼的位置,时刻都能看到。

（3）写成功日记。

给自己专门准备一本日记本,每天记录3件成功的事情,无论大事小事都可以记录。家长可以准备一本共享家庭成功日记,上面记录自己或孩子成功完成的小事,同时可以创造良好的家庭沟通方式。

回想一下今天或昨天成功的事情,记录下来,请愿意分享的同学现场分享。

二、识别他人的情绪

"7-38-55定律"：与人交往的过程是信息传递和接收的过程,沟通时信息的全部表达=7%话语+38%声音+55%肢体语言。当别人已经发出"不要靠近我""我不喜欢你这样做""我生气了"等非语言信号的时候,我们看懂了吗？通过下面的方式看看孩子的交往力。

1. 捕捉非语言社交信号

（1）请现场的孩子举例说说,哪些是友好的非语言社交信号。

（2）随机分发非语言社交信号卡片,请4~5位孩子围成一圈,说说看到这样的表情或动作,你是怎么理解它的含义的？你会怎么做？

（3）活动现场全体交流,并指导家长在生活中遇到非语言社交信号的场景时,带着孩子多观察、感悟和换位思考,以提升孩子的交往力。

抢答游戏：看课件上呈现的表情和动作图片,请现场的孩子抢答并连线。

2. 练一练,我的个人空间

（1）观看图片小漫画"别侵犯他人的'人际气球'",理解安全、舒适的个人空间。

（2）回忆并思考生活中你遇到过哪些情况，别人的突然靠近让你觉得很不舒服？请愿意分享的同学说一说。

（3）建立"我的个人空间"认知单（后附）。

三、控制自己的愤怒

如果一个人不知道该怎么处理自己的愤怒情绪，这可能会使其做出具有破坏力的行为。当我们愤怒时，可能会用攻击性行为（骂人、摔东西、打架……）将情绪表达出来，而这会让我们的人际关系变得紧张，陷入更多的麻烦中。

听听"踢猫效应"的故事，说说生活中哪些事情会让你感到生气，请愿意分享的同学自由表达。

1. **了解生气到愤怒的加剧过程**

（1）选择其中一个分享的故事，邀请一组演绎者进行情境还原。

（2）观察这组演绎者的情绪变化。

2. **学习控制愤怒的步骤**

（1）及时停下来，远离让你愤怒的人或环境。

（2）深呼吸法，从1数到5，心里一边数数一边深呼吸，反复几次。

（3）找到自己愤怒的原因。这个对二年级的孩子来说可能有点难，家长可以举例说明，然后和孩子一起总结记录。

（4）用"我信息"表达愤怒。说出对方哪些行为让你生气，并说出这些行为对你的影响。

（5）找一种健康的方式排解愤怒。家长和孩子每人说一种，并记录；在场参与者集体交流，觉得合适的可以补充到自己的记录表格中。

3. **建立愤怒规则**

在场参与者开展头脑风暴，说一说哪些事情是在愤怒的状态下也不能做的，选取自己和家人认可的项目做成一份海报，并将其贴在家中醒目位置。

四、成为超级合作者

在人际交往中，真诚的赞美可以使他人获得自尊和荣誉的满足，也可

以赢得更多的朋友。如果孩子从来没有练习过如何赞美他人,那么下面的要点可以提升他们的交往力。

(1) 现场调查平时听到赞美自己的话时是怎样的感觉?先对家长进行调查,再了解孩子的想法。

(2) 真诚赞美的5个技巧。

① 多发现别人的优点,而不是简单地说一句"你真棒"。

② 注意赞美细节,描述一下别人做得好的细节。

③ 不要比较,不要为了赞美一个人而贬低另一个人。家长经常走入的误区是为了赞美同事或邻居的孩子而贬低自己的孩子。

④ 实事求是,不要太夸张。

⑤ 用身体语言表达真诚,如竖起大拇指的手势语言、微笑的表情语言、眼睛看着对方的眼神语言等。

(3) 练习"OK赞美贴"(后附),请现场的家长和孩子一起写一写想赞美的人。

五、激活孩子的兴趣

1. 孩子兴趣广泛对人际交往的促进作用

讲述一个关于孩子兴趣爱好单薄被同学孤立冷落的故事,请现场的孩子说说有没有遇到过类似的情况。

2. 课外学习多和兴趣广泛不等价

请家长谈一谈对课外学习班的理解。展示加德纳的多元智能学习理论,让家长了解孩子的课外学习班过多并不会促进兴趣发展,反而会成为提升孩子学习兴趣的障碍,给孩子带来更多的负担。组织家长讨论尊重孩子广泛兴趣的正确做法是什么。

3. 了解彼此,共同提升

家长和孩子背对背写下自己的兴趣爱好和对方的兴趣爱好,看看对彼此的了解程度,真诚地聊一聊,听听对方心里的话。

引导孩子完善"OK赞美贴",在后续的一个月中每周观察一个人,练习写一份"OK赞美贴",赞美对象可以是老师、同学或亲戚朋友,提升自己赞美他人的能力。

(1) 我眼中的自己。

我的优点:	我的缺点:

(2) 搜集反馈单:

来自_____的反馈

我的优点:	我的缺点:
请简单描述一下能体现我优点的事件:	请简单描述一下能反映我缺点的事件:
我之前没发现的优点:	我之前没发现的缺点:

注:表格可以根据需要加长

(3) "我的个人空间"认知单:

① 你会允许哪些人进入你的个人空间,在下面的圆圈里写出他们的名字,中间的图标代表你自己。(使用的时候,可以把下图放大,便于书写)

个人空间

② 思考一下,这些可以进入你个人空间的人,你允许他们做哪些事呢?(比如:可以挨着你坐,可以和你手拉手,可以抱抱你……)

③ 和你信任的人聊一聊,看看他们是不是和你有相似的想法。

(4) OK 赞美贴:

他的优点是:

我想对他说:

我还打算:
(非语言社交信号)

我要赞美 _____

尊重孩子，容纳错误

建议年级

三年级。

活动目标

（1）帮助家长了解三年级孩子交往的年段特点，利用孩子规则学习的关键期加强孩子人际交往基本礼仪的习得。

（2）现场互动交流，使家长掌握帮助孩子处理与朋友之间冲突和矛盾的初步方法。

（3）帮助家长提升对尊重孩子交友权利的认识，进一步掌握帮助孩子提升自信力，尝试学会拒绝和停止讨好的初步方法。

活动准备

讲师准备：多媒体课件。
家长准备：笔记本、笔。

活动说明

进入小学中段，孩子的生活范围不断扩大，需要在自身与社会、国家、自然等新的联结中建立新的规则秩序，孩子对家长的依赖也在不断减少。家长需要协助孩子满足其不断探索的需求，并在此过程中让孩子掌握更多交往技能，在合作中加强儿童社会化的发展。

成为"OK家长"的30个锦囊

活动过程

一、了解三年级孩子交往的年段特点

在一、二年级的课程中,我们将人际交往引导的重心放在孩子与家庭成员和较为亲密的同学、朋友之间的生活关系上。通过建立自信力和简单的同伴关怀,孩子能够初步掌握一些处理人际关系的方法。

进入小学中段,孩子的生活范围不断扩大,家长需要留意孩子不断扩展的生活关系,包括孩子与自我、他人、学校、社会、国家、自然的关系等。

1. **重新认识孩子**

思考并讨论孩子进入三年级以后,在看待问题的范围、视角以及日常言行上有哪些变化。每位家长简短描述一项孩子的变化情况。

2. **共性归纳**

(1) 出示《心理健康教育》课程对三年级孩子交往问题的共性描述:三年级的孩子交朋友的标准发生了变化,孩子往往把学习成绩作为衡量一个人能力的标准。孩子之前遇到什么事情总喜欢和家长分享,到了三年级以后,很多孩子都不愿意把自己平时遇到的事情告诉家长。家长与孩子沟通越来越少,矛盾和代沟就开始出现了。

(2) 聚焦问题现场互动:传递话筒,请家长轮流说说三年级孩子与家长的沟通减少的原因是什么。

(3) 引导思考:孩子的这些变化,往往和家庭的教养方式息息相关。

二、让孩子成为有教养的人

1. **走出"教养"误区**

误区一:将自由等同于放纵。有些家长对一些词的误解会给孩子带来较大的伤害。比如:把有教养理解成墨守成规、恪守礼教,认为家庭教育要尊重孩子的天性,不能用教养的条条框框限制孩子,就对孩子放任不管。没有帮助孩子从小就建立良好的秩序感,随着孩子不断长大,内心冲突加剧,孩子最终获得的不是自由,而是无所适从。

误区二：片面理解"允许犯错"。将孩子没有教养的行为看成是允许犯的错误。允许犯错不是不承认错误，而是与孩子共同面对错误，教会孩子如何承担错误，从错误中提升解决问题的能力。

2. 激发孩子"利他"的心理

（1）了解"利他"心理的重要性。

一、二年级，我们初步让孩子通过对同伴情绪、表情、动作等方面的体悟理解他人，掌握简单的赞美语言，看到他人的优点，学会鼓励他人。三年级，提升孩子对他人的感受力，发展"利他"的动机和行为对孩子人际交往的能力是一种很大的提升。

（2）感悟在学习"利他"心理时家庭的示范作用。

情景剧表演："放学后"。

看完以后请现场家长说说两种做法分别起到了什么作用，孩子会从家长的做法中学到什么。

3. 注重规则学习（讲师结合具体的案例讲述）

家庭规则的建立：

（1）认识到"守规矩的孩子"不等同于"听话的孩子"，要让孩子遵守规则，需要先让孩子明白什么是规则，生活中有哪些规则，为什么要建立规则。

（2）家庭规则应体现人人平等。帮助孩子认识到规则在家庭中的重要性，遇到事实变化需要新增规则的时候，需要通过家庭会议协商讨论，让孩子参与规则制定。

（3）重视学校教育的规则和纪录。学校规则不是针对个体制定的，具有群体性要求，孩子遇到规则制约的时候是其学习的好时机，家长不可一味指责学校规则，那样会不利于孩子社会适应性发展。

（4）在遵守规则的同时，训练孩子灵活应变的能力。

4. 掌握人际交往的基本礼仪

（1）礼貌地和他人打招呼。如果孩子到了三年级在和人打招呼方面依然存在问题，参考一年级课程的处理方案。

（2）学会倾听他人说话。在孩子一、二年级时，如果按照人际交往课程中的方法坚持训练，到了孩子三年级时，家长能够明显看出孩子这方面能力的稳固性。

5. 成为孩子的榜样

（1）用10道关于"教养"的测试题（后附），请家长反思自己在助人、规则、礼仪、环保、尊重等方面的表现。

（2）播放多组关于"熊孩子"背后的"熊家长"的视频，引发家长的思考。

（3）善于进行反思和自我教育，家长有错要及时向孩子道歉。

三、处理冲突和矛盾

（1）案例交流，请家长回忆与孩子近期发生的一次冲突矛盾，具体回忆遇到了什么？孩子当时的情绪如何？孩子说了什么？家长说了什么？最后的结果如何？

（2）讲师举例用第一人称"我"诉说。比如，当我们觉得身边的人太吵，希望对方安静一点，如果用"你"诉说："你怎么这么吵！"对方收到的信息就是"她在指责我"；如果用"我"诉说："我需要一个安静的环境，请小声点说话"，对方理解的信息就是"她需要我小声一点说话"。

（3）尝试用"我信息"代入刚才回忆的案例中，请愿意分享的家长选择一位伙伴进行情境演绎。现场感受尝试用"我"诉说和孩子沟通的时候，能更准确地把自己的状态描述出来，不会脱口而出对孩子的埋怨，孩子就不会轻易受到伤害或被家长激怒，避免冲突升级。家长对待孩子的方式，能潜移默化影响孩子化解冲突的方式。

（4）出示家庭练习建议，详见家庭练习作业。

四、教会孩子和老师沟通

1. 交流师生沟通现状

（1）了解沟通频次。

现场采访，了解孩子与老师目前的沟通情况：会主动与老师打招呼，经常和老师聊天；从不和老师课后交流，躲避老师；老师提问会积极回答，但是不会主动找老师聊天等。

（2）了解沟通中是否有问题。

孩子是否曾回家抱怨过老师的做法，认为老师的做法有错或有失公平等，此时家长是怎么说的？孩子听完之后有什么反应？请愿意分享的家长和大家说一说。

2. 建立信任

（1）家长首先建立自己对老师的信任。

（2）通过和孩子一起分析老师的优点帮助孩子建立对老师的信任。

3. 多种表达

（1）纸笔方式的沟通，性格内向的孩子可以通过给老师写纸条、写卡片的方式与老师沟通。

（2）闲暇时刻当面沟通，可以利用大课间、中午午休等时间主动和老师聊聊学习以外的事情。

（3）网络沟通，通过加老师的微信等方式，能更及时与老师沟通，也避免了当面沟通的一些尴尬。

4. 不一味地盲从

不倡导对老师一味地盲从，当孩子和老师在某些事情上观点有所不同的时候，指导孩子以尊重老师为前提保持正常沟通交流。如果觉得老师有做得不对的事情，也可以坦诚地和老师聊一聊。

五、尊重孩子的朋友

1. 干涉孩子交友行为的几种表现

（1）简单放弃型，当孩子与朋友发生冲突矛盾时，经常以逃避为主："我们不和他们玩"。

（2）说教阻拦型，不断讲述孩子朋友的缺点，劝其远离。

（3）施压保护型，向孩子的朋友施加压力，让其主动离开自己的孩子。

2. 问题讨论

当认为孩子身边的朋友缺点较多，担心孩子会受其影响学坏，作为家长该怎么做？

（1）分小组交流，参与活动的家长4～5人一组，小组内交流意见，达成一定的共识。

（2）全体交流，每个小组派一个发言人，交流小组做法。

（3）播放视频片段，分享观后感悟，讲师总结点拨。

六、学会拒绝和停止讨好

教会孩子敢于说"不",不必为了维持朋友关系,而在同伴的强迫下做一些自己不愿意做的事。

(1) 教会孩子说"不"的思考步骤:

第一步,想想别人要让你去做什么。

第二步,判断这件事是否正确,你是否愿意去做这件事。

第三步,面对你认为不正确的事情或不愿意做的事情,用礼貌并坚定的语气说"不"。

第四步,说明原因。

(2) 通过案例介绍如何在家庭中练习礼貌拒绝他人。可以通过情境卡片,随机抽取家长和孩子开展角色扮演,孩子可以扮演请求人,也可以扮演自己,在决策过程中逐步掌握礼貌拒绝他人的方法。

(1) 以下两项"角色扮演"可以和孩子玩一玩,一定能让会思考的孩子获得更多人际交往的能力。

① 处理矛盾和冲突情境案例应对练习。

情境一:小明想要和同桌小丽分享他昨天晚上遇到的有趣事情,但是发现小丽没有听他说。小明气呼呼地质问小丽:"你怎么没有听我说话呀?"

家长扮演小丽,孩子扮演小明,请孩子用第一人称"我"来重新表达上面情境中的请求。

情境二:外出春游的时候,到了午餐时间,小明的任务是铺好午餐垫。因为餐垫很大,小明一直没有铺好,同桌小丽看见了却没有帮忙,小明很生气,朝小丽大声地说:"你怎么不来帮忙呢?"

家长和孩子协商扮演小明和小丽,可以交换角色练习。

情境三:班级组织班队会活动,组织委员小丽给小明分配了打扫教室的任务,小明觉得自己一个人打扫教室任务太重,很生气地找到小丽:"你的任务分配一点也不合理。"

家长和孩子协商扮演小明和小丽,可以交换角色练习。

② 说"不"练习。

根据正文中的"四步走"练习。可以请孩子说一个真实遇到的情况，家长一起模拟练习。

（2）完成关于"教养"的自测题，在相应的选项后面的括号里画"√"。

① 看到有人遇到困难时，尽管不认识，您也会尽力帮助。

  是的（　　）　　不一定（　　）　　不是（　　）

② 在您看来，排队就是浪费时间，如果遇到排队买票，您有机会加塞的时候一定要加塞。

  是的（　　）　　不一定（　　）　　不是（　　）

③ 在公众场合，您会注意自己的衣着是否整洁大方。

  是的（　　）　　不一定（　　）　　不是（　　）

④ 在公众场合，您不会在意自己是否将垃圾扔进垃圾桶。

  是的（　　）　　不一定（　　）　　不是（　　）

⑤ 对待商店或饭店服务员，您总是会像对待朋友那样礼貌。

  是的（　　）　　不一定（　　）　　不是（　　）

⑥ 买东西回家，发现购物袋里多了不属于您的东西，您一定会去店里退还。

  是的（　　）　　不一定（　　）　　不是（　　）

⑦ 在公园或其他公共场合，遇到认识的人，您一定会热情地打招呼。

  是的（　　）　　不一定（　　）　　不是（　　）

⑧ 孩子在客厅玩耍，使您不能集中精力工作时，您会：

感到心烦（　　）

对他们发脾气（　　）

为孩子玩得快乐而高兴（　　）

⑨ 如果您不喜欢的人交了好运，您会：

嫉妒他（　　）

不在乎，但会想好运落到自己身上该多好。（　　）

认为这件事对他确实是好事。（　　）

⑩ 和别人讨论问题时，您会：

尽量使别人按照您的观点看待问题。（　　）

提出自己的观点，但不会为此与人争论。（　　）

不主动表达，除非别人直接询问。（　　）

创设良好的生生与师生关系

建议年级

四年级。

活动目标

(1) 帮助家长学会如何创设良好的家庭氛围，让孩子在家庭中习得正确的社交方式，以便在对外交往中迁移运用。

(2) 帮助家长客观认识教师职业，帮助孩子喜欢老师、和老师建立和谐的师生关系。

活动准备

讲师准备：多媒体课件。

家长准备：笔记本、笔。

活动说明

四年级孩子更加注重与同龄人的交往，喜欢与伙伴一起玩耍、学习，但也可能出现一些社交问题，如欺凌、排挤等。如何引导孩子顺利融入集体，创建良好的生生和师生关系，对家长们来说尤为重要。

活动过程

一、谈话导入

(1) 引导家长表达他们的担忧及期望，思考无法尽快融入集体对孩子的影响。

（2）引用2006年相关研究者分析的社会测量数据，出示儿童按照受欢迎程度分类的情况（受欢迎儿童占总体的9.70%，被拒绝儿童占8.88%，被忽视儿童则占总体的14.80%，一般儿童占66.5%）。总结发现：多数儿童为一般儿童，不是每个孩子都会受欢迎。

（3）讲师小结，明确课程目标。

二、让孩子形成正确的社交观念

1. 观看视频：同伴相处的四个原则

询问家长观看感受，引导家长重视并掌握孩子与同伴相处的规则。

2. 学习在家庭中帮助孩子融入集体的方法

（1）不让孩子养成一切以自我为中心的习惯。

列举孩子养成以自我为中心的习惯的后果：出现"窝里横"现象，做出使同伴反感的霸道行为。

（2）不要对孩子过分专制。

举例说明家长过分专制产生的后果：孩子只会遵从，不会正确表达想法、不会争取自我权益，变得懦弱而顺从，易被集体忽视。

告知方法：尽量满足孩子的合理要求，因为对家长来说没什么意义的物品，对孩子来说可能是他与同伴交往的关键道具。

（3）营造良好的家庭氛围。

请家长回答孩子是否存在以下情况，引导家长感知四年级孩子的转变：越来越喜欢跟同伴分享，回家后的沟通渐渐减少，甚至给家长带来失落感。

明确四年级孩子的需求：心理方面，希望获得家长的关爱、支持和温暖；行为方面，需要更多的肢体动作、更少的干涉。

告知方法：了解但不干涉孩子的社交圈。举例说明过度干涉、带有情绪的追问会激发孩子的逆反心理，激化家庭矛盾；同时，点明过度放纵也不可取。

建立家庭制度：可通过家庭成员头脑风暴的方式建立；条目简单、易操作且家庭成员一致认同，不需要过于细致严谨；针对孩子建立的可以是孩子分担的家务情况、睡前和家长拥抱、固定的家庭户外活动时间等。

(4) 明白相较于好人缘，孩子更需要"好朋友"。

询问家长理想的孩子交往情况，引导家长发现孩子交往现状与理想不同。

定位孩子交往现状：不是每个孩子都能获得好人缘，内向的孩子往往需要振作精神应对交往，这样耗费能量的方式会让孩子感到疲累。

定位何为"好朋友"：孩子之间成为"好朋友"的原因可能是志同道合，或者是在同一个社团里，孩子因"好朋友"带来的温暖而能承受群体对他的不在意，这样的"好朋友"就是孩子成长的精神依赖。

告知方法：在条件允许且安全有保障的情况下，可以让孩子和班级同学放学一起回家、和小区同学一起玩耍、邀请同学来家中聚会等。

(5) 提高孩子的能力。

询问家长采取了哪些措施提高孩子的能力。（或于前期进行问卷调查）

明确重要性：在存在竞争的群体活动中，有能力的孩子更受欢迎；内心的力量源自对自己的认可，这些认可既可以是他人反馈，也可以是从自我探索中获得的成就感，提升能力是增强内心力量的需要。

告知方法：陪伴孩子运动，提高运动能力；了解孩子常玩的游戏，共同探究游戏的技巧；鼓励孩子接触新鲜事物，以便拓宽视野、多方面展现个人魅力等。

3. 讲师小结，要求孩子在家庭中形成正确的社交观念

孩子在家庭中习得的社交方式是进行校内社交的模仿范式，是社交的基础范式。

三、让孩子学会有趣的社交活动

1. 分享交流

(1) 引导家长回顾一天中和孩子共度的时间。

(2) 引用威廉·西尔斯博士的话，启发家长思考和孩子一起玩的好处：有助于孩子学习观察和思考，学习人与人之间的关系等。

当你与孩子在一起时，你在用实际行动证明孩子对你很重要。你会喜欢与他们一起度过时光，并更了解孩子。跟孩子互动也会培养孩子的自尊心，为以后的良好行为打下基础。

当我们全神贯注地跟孩子在一起时，孩子会感觉到自己的重要性；当我们一边跟孩子在一起，一边却想着自己的工作或者其他事情时，孩子会感觉到你们的互动是松散的。

2. 家长们现场头脑风暴设计亲子活动

（1）出示主题：请家长给孩子设计一个亲子活动，要求活动比较开放、有很大发挥空间、容易激发灵感。

（2）给出可借鉴的趣味活动清单：编故事、绘画、做手工、搭积木、音乐和运动等适用于四年级孩子的活动内容。

（3）家长分享感悟。

3. 讲师小结，明确亲子游戏的重要性

在参与亲子活动的过程中，孩子会本能地去感受人与人之间的关系。对外交往的时候，孩子会迁移运用学到的社交技能。

四、让孩子喜欢老师

1. 通过三个案例引导家长规避对教育权威产生负面影响的行为

（1）案例一：家长不在乎教师的反馈。

（2）案例二：家长听了教师反馈后的处理简单粗暴。

（3）案例三：家长盲目护短。

2. 学习维护老师威信的方法

（1）认真倾听老师的讲述。

列举家长当着孩子的面贬低老师的行为。引导家长全面客观了解孩子在校情况，认真听取老师意见，明白批评这种教育方式是老师认真负责的表现，家长应给予足够的支持和理解。

（2）理性对待老师的教育方法。

现场提问，启发家长在不认同老师的教育方法或心中存疑时，要冷静下来，不宜当着孩子的面发泄不满，要淡化老师的批评方式，强化老师批评的目的。不仅要听孩子对事情的解释，更要与老师交流。

（3）引导孩子从自己身上找原因。

引用美国心理学家弗里茨·海德在《人际关系心理学》中提出的归因理论，让家长自主发现引导孩子从自身找原因能教会孩子理性思考、明辨是非，有利于培养孩子的健全人格。

3. 客观认识教师这份职业

启发家长发现孩子最终成为什么样的人更多取决于看不见的学习,家长才是孩子教育的"第一责任人",要认清家庭教育和学校教育的边界,分清家长和教师应该承担的不同责任。

五、课程总结

家庭生活是孩子成长的基石,要让孩子建立良好的社交关系,家长需要用自己的言谈、行为潜移默化地影响孩子。

(1) 召开家庭会议,和孩子共同建立家庭制度,将建立好的制度张贴于家中合适位置。

(2) 询问孩子与同伴交往的原则,将家长和孩子共同商讨的结果张贴于家中合适位置。

积极提升自尊与自我认知

建议年级

五年级。

活动目标

（1）帮助家长正确认识"自我"与"自尊"，掌握帮助孩子提升自尊的四个有效策略。

（2）通过案例分析、角色扮演等方式，让家长学会鼓励孩子为自己的行为负责，自主解决同伴相处中的冲突。

（3）通过测验，帮助家长判断孩子是否存在"嘲笑"与"被嘲笑"的情况，掌握帮助孩子应对嘲笑的策略。

活动准备

讲师准备：多媒体课件。
家长准备：笔记本、笔。

活动说明

伴随着孩子在集体中对自我认知的探寻，"小圈子"的现象无可避免地出现了。生生交往时产生的戏弄嘲笑、矛盾冲突对孩子们建立健全人格所造成的影响愈加重要。独立处理社交问题的能力在这个阶段显得尤为重要。

活动过程

一、谈话导入

1. 分享交流

（1）回顾建立的家庭制度及家庭制度的实施效果。

（2）观看家长用5个词评价孩子及孩子用5个词进行简单自我评价的视频，通过对比两个视频，发现家长对孩子的认知及孩子对"自我"的认知存在不同。

2. 讲师小结，简单介绍定义

"自我"是指每个人独特的生理和心理特征的总和。"自尊"是自己对自己一个整体的评价，也被称作自我价值或自我形象，是自我认知里最重要的组成部分。

二、帮助孩子理解只有看清自己才能找到朋友

1. 自我认知并非一成不变

（1）引导家长发现孩子的自我认知在不同年段存在不同特点。

（2）小结：引用心理学家埃里克森的研究发现，说明自我认知不是一成不变的。

2. 自尊与社交的关系

（1）引导家长发现积极的自我评价对社交起促进作用，消极的自我评价对社交有负面影响。

（2）小结：自尊是自信的来源，孩子的很多社交行为问题的核心都与自信相关。自我评价积极的孩子会成为集体中受欢迎的人，对自己评价过低或者一直不被认可的孩子，很容易对自己产生不正确的认知，质疑自己的能力。

3. 家长帮助孩子提升自尊的四个有效策略

（1）使用积极的话语。

举例一："别看电视了，该写作业了。"可以改为"我要求你写作业的时候，如果你能马上就去，我会很高兴，我愿意看到你对自己的学习

负责。"

举例二:"你一点都不听话!"可以改为"你听话的时候,我很开心。"

举例三:"别叫!"可以改为"你好好说话,我会听得比较清楚。"

举例四:"不要这么使劲敲钢琴!"可以改为"再试一试,这次轻点按琴键。"

(2)帮助孩子建立和维系亲密的同胞关系。

具体做法:注重家庭整体价值观的建立,避免兄弟姐妹间的比较,看到并肯定每个孩子的特点;注重孩子间的相互学习,用积极的心态来协调同胞竞争。

(3)看见孩子。

具体做法:让孩子完成一些力所能及的事情,并承担一定的家庭责任,让孩子真正成为家庭的一分子。

(4)尽量用开放式的沟通方式。

具体做法:让孩子做选择题而不是做判断题;让孩子爱上主动表达,而不是不断质疑孩子的能力和敦促孩子讲话。

4. 讲师小结

点明帮助孩子完整地认知自我、提升自尊,才能维持孩子认知自我与同伴社交的良性循环。

三、鼓励孩子对自己的行为负责

1. 让孩子学会在与同伴交往时正确应对冲突

(1)举例说明与同伴交往时出现问题可能会导致的严重后果。引导家长反思并发现如果孩子能学会关注他人的情绪,也许可以避免伤害事件的发生。

(2)小结:小学中高年段,孩子自我意识增强、行事较为主观冲动,家长需要教会孩子如何减少冲突、正确应对冲突。

2. 引导孩子明白在与同伴交往时需了解并接纳人的多样性

(1)出示家长积极引导孩子理解乡下来的爷爷因不适应城市生活而行为不当的案例。家长分享交流自己对案例的看法。

(2)小结:鼓励家长多与孩子交流讨论生活中的事例,使孩子了解并

接纳人的多样性,并不断完善自己。

3. 鼓励孩子在与同伴交往时自己解决冲突

(1) 家长分角色扮演"主动承担责任的女儿"和"认真倾听并不干涉孩子的父亲"。

(2) 现场询问"女儿"扮演者及"父亲"扮演者的感受。

(3) 小结:要相信孩子可以处理得很好,鼓励孩子自己解决冲突。

4. 规避误区:孩子发生冲突时,两种最坏的解决方式

(1) 出示"直接质问"和"盲目护短"两种处理方式中家长的话语。

(2) 分析两种方式的后果:"直接质问"会进一步伤害孩子,"盲目护短"会把孩子的生活环境变得更坏。

(3) 小结:家长的正确处理方式能够给予孩子精神层面的支持,鼓励孩子成为解决问题的主角,询问孩子是否需要家长出面做些什么,引导孩子认识到什么样的处理方式更好。

5. 在孩子面前处理问题,给孩子学习机会

(1) 现场调查家长遇到邻里相处问题时的解决方式。调查内容如下:邻居家因为有朋友聚会,时近午夜还是闹哄哄的,影响了家人的休息。这时家长该怎样做呢?

(2) 小结:"你打我一拳、我回你一掌"只能使冲突更激烈,在尊重对方的基础上表明自己的态度,直面矛盾,更有利于事情的解决。家长解决邻里相处问题其实也是在给孩子做示范。我们选择的处理方式最好是能够给予孩子好的示范的方式。

(3) 回顾以上家长帮助孩子正确应对交往中冲突的四个策略:引导孩子了解并接纳人的多样性;鼓励孩子自己解决;规避两种最坏的解决方式;在孩子面前处理问题,给孩子学习机会。

四、让孩子学会自己处理不当社交行为

在与同伴交往的过程中,不仅会出现相对能明显观察到的矛盾冲突,还会出现容易被我们忽略的戏弄、嘲笑。戏弄、嘲笑这类不恰当的社交行为对孩子身心存在影响,处理不当可能还会产生严重后果。

1. 完成"嘲笑"小测验

判断孩子是否嘲笑别人或被别人嘲笑。

2. 了解"嘲笑者"和"被嘲笑者"的特点

（1）观察特点对照表格。

（2）完成判断题，并观察男孩和女孩不同的嘲笑方式对照表，区分男孩和女孩不同的嘲笑方式。

3. 教会孩子应对嘲笑

（1）现场调查多少家长和孩子谈过嘲笑的话题。点明现状：这是一个很难讨论的话题，孩子经常会不敢和家长谈论嘲笑的话题。孩子可能担心家长会批评他，或者只是简单地告诉他不要在意别人的嘲笑。

（2）讲解自然地和孩子聊嘲笑的两个注意事项：一是保持中立，听孩子叙述完后，询问家长应该怎么做，才能最大限度地帮助到他；二是如果担心孩子，可以联系老师了解情况，或者让老师关注孩子、保持沟通。

（3）出示12个应对嘲笑的策略，观看相关视频，现场询问可以采用的应对策略。

4. 判断是否需要家长介入

（1）发放需要家长介入的情况表格，引导家长发现需要介入的情况多是孩子受到身体暴力、情感和言语的暴力、被孤立和恐吓。

（2）讲解家长介入时的五个步骤。

5. 讲师小结

点明家长关注嘲笑、引导孩子机智应对嘲笑的重要性。

五、课程总结

看清自己才能找到好朋友，我们需要引导孩子正确认知自我、积极评价自我。在与同伴的日常交往中，化解冲突、应对嘲笑的有效策略，对孩子们来说是极具实用价值的。

作业

（1）确认家中有孩子需要认真负责和承担的事情。

（2）和孩子一起聊聊嘲笑的话题并记录下来。

独立解决现实与网络社交问题

建议年级

六年级。

活动目标

（1）在情境演练中让家长掌握引导孩子独立解决社交问题的策略。

（2）通过情境扮演帮助家长掌握引导孩子冷静解决冲突的策略。

（3）帮助家长正确认识网络社交对孩子的影响，掌握正确的引导策略，从而帮助孩子根据实际情况合理使用网络社交工具。

活动准备

讲师准备：多媒体课件。

家长准备：笔记本、笔。

活动说明

临近毕业的六年级孩子，正处于由儿童期向青春期过渡的时期，处于心理发展的骤变期，他们的自我意识、独立意识明显增强。生生交往进入了亲密共享的新阶段，他们认为朋友应该互相信任、保持忠诚，能够同甘共苦，同时存在对圈内朋友的独占性及对圈外同学的排他性。

由于六年级的孩子已经有能力较多地接触社交媒体及游戏，孩子在网络世界也存在社交行为，甚至会因此忽视现实世界。家长在此阶段更需要理解、尊重孩子的社交行为，引导孩子正确看待社交中产生的分歧、网络世界与现实世界的关系,帮助孩子掌握独立解决社交问题的社交策略,而非过多地进行干涉。

活动过程

一、谈话导入

(1)出示同伴交往不当且不听家长劝告的案例,引导家长发现孩子们通常用本能反应来解决问题,想不出多种解决方法,且多用同一种方法来解决各式问题。

(2)讲师小结,明确独立解决社交问题的重要性。

孩子逐渐长大,我们陪伴在孩子们身边辅助孩子解决社交问题的机会越来越少了。无论是社会现实,还是孩子本身的成长需要,都要求我们培养好孩子独立解决社交问题的能力。

二、简单六步法帮助孩子独立解决社交问题

如何帮助孩子慢慢地独立解决社交问题呢?团体心理治疗师凯西·柯恩提出了解决社交问题的简单六步法。

1. 讲解简单六步法

(1)出示简单六步法,并请家长尝试排序,说明理由。简单六步法如下:

第一步,确认问题。

第二步,集思广益,找到解决问题的多种方法。

第三步,思考每个解决方法带来的后果。

第四步,列出行动计划。

第五步,找出备用方案。

第六步,尝试你的计划以及备用方案。

(2)出示正确顺序,告知家长如何使用。

① 出示第一步、第二步的内容,讲解注意事项。

② 讲解第三步,举例说明不考虑长期后果产生的影响。

③ 讲解第四步、第五步及第六步内容。

（3）讲师小结，点明简单六步法适用范围较广，引导孩子独立思考和解决问题能使得孩子在将来处理更复杂的人际关系时游刃有余。

2. 现场实操

（1）出示情境内容，请家长现场演练，询问家长作为"家长"和"孩子"的感受。

情境内容：孩子回到家不太高兴，因为上课的时候和同桌说话，被老师批评了。

（2）出示鼓励孩子解决问题的八种游戏名称。

① 以其中的"毯子球游戏"为例，请八位家长上台，四位一组，分两组进行比赛。

② 询问台上家长的感受，引导家长发现有趣味的游戏既让孩子喜欢，又在潜移默化中锻炼了孩子与同伴交往的能力。

（3）讲师小结，引导家长重视方法的日常训练。

帮助孩子独立解决社交问题不是一蹴而就的，不仅要掌握简单六步法来应对社交问题，更需要在平时和孩子进行社交问题训练。

三、变吵架为公正而有效的争论

现实中不仅有同伴之间的交往，还有家长和孩子的交往。家庭中的社交是孩子进行家庭外社交的源泉。

1. 讲解家长在孩子面前吵架对孩子产生的影响

（1）引导家长发现，家庭中公正而有效的争论是一个向孩子展示如何成功化解冲突的机会。

（2）区分争吵与公正的争论的区别。明确家长在家庭中帮助孩子学习用语言而不是行动来向人表达情绪的重要性。

2. 角色扮演

（1）阅读查理与爸爸吵架的故事，播放采访孩子阅读感受的视频。

（2）家长现场角色扮演，内容：查理在玩游戏，爸爸合理劝导，查理中断游戏去收拾房间。

出示情境中的对话内容，请两位家长分别扮演"查理"与"爸爸"，读出相应话语，营造情境氛围。

（3）现场询问"查理"扮演者和"爸爸"扮演者的感受。（对比阅读

的故事内容和情境表演的故事内容）

（4）小结：在情境表演中，爸爸没有说教或者给查理的行为"贴标签"。他维持自己的期望，给查理自由，可以再玩一会儿，但是坚持原来定下的界限。他还允许查理抱怨，但不做让步。最终成功地化解了冲突。在相处过程中，总会有意见不统一、出现分歧的时候，争吵很容易，但是公正的争论却不容易。

3. **出示十二条冷静解决冲突的秘诀，讲解注意事项**

我们可以用哪些方式帮助孩子做出改变，让他们用冷静、平和、克制的态度来应对呢？

4. **讲师小结，强调帮助孩子化解冲突中"冷静"的重要性**

化解冲突是门艺术，如果双方能冷静下来，用克制、平和的态度进行对话，就能变争吵为公正而有效的争论，也能让孩子学着去解决其他社交中的冲突。

四、正确对待网络世界

刚刚我们说到的同伴交往和家庭中的社交都是真实的社交，孩子们的生活中还存在着虚拟的社交，也就是网络社交媒体。

1. **网络社交媒体的双面性**

（1）播放孩子对社交媒体看法的视频。

（2）询问家长对社交媒体的看法，以表格形式罗列社交媒体的优点和缺点。

（3）小结：社交媒体具有双面性。

2. **恰当处理孩子的网络社交**

（1）观看恰当处理孩子网络社交的方法视频。

（2）根据视频，补充家长处理孩子网络社交的策略，简单讲解。

3. **讲师小结，引导家长明白面对孩子的网络社交"堵不如疏"**

我们没有办法回避互联网和社交媒体的影响。互联网是一个虚拟的新世界，在这个新世界里，无论孩子还是家长，都需要一双慧眼去甄别，去伪存真，修炼一身武艺。

五、课程总结

（1）请家长谈谈参与本次家长学校活动的感受。

（2）总结：强调帮助孩子独立解决社交问题的重要性。出示玛利亚·蒙台梭利的名言：儿童正在经历一个自我实现的阶段，我们只需为他们打开大门就已经足够了。

作业

（1）回顾往期"人际关系"系列课程，家长和孩子一起罗列一份"常用社交工具"清单。

（2）如有需要，召开家庭会议聊一聊网络游戏，并做好定期反馈计划。

健康成长

知"食"的力量

建议年级

一年级。

活动目标

帮助家长梳理生活中常见的食材问题，根据孩子的实际情况，为孩子选择适合的食物。

活动准备

讲师准备：教学课件。
家长准备：两份孩子的日常菜单（早餐、晚餐）以及零食目录。

活动说明

现在的孩子吃的东西的种类多，选择的余地也多，孩子获取的营养真的是适合他们的吗？我们所谓的营养只是为了强身健体吗？如果吃得健康，孩子的大脑会生长得更好吗？如何让我们的孩子吃得更好呢？

活动过程

一、从数据中发现问题

（1）讲师讲解相关调查研究数据。
2021年开展的"中国0—18岁儿童营养与健康系统调查与应用"显

示，我国6—17岁儿童的超重肥胖率为26.5%，高于2015年中国居民营养与健康监测的19.0%，更明显高于2012年的16.0%。

（2）屏幕出示关键词：运动、饮食、基因、环境等。请家长选择一项并举手示意。

（3）屏幕出示关键句子：你真的知道怎样吃是适合孩子的吗？

设计意图：通过数据和问卷对比，唤起家长对"吃"的思考。

二、"矛盾"的食物

1. 碳水化合物

（1）屏幕出示混合在一起的"好糖"和"坏糖"（表4-1），请家长分类（也可以提前做好问卷）。

表4-1 "好糖"和"坏糖"

"好糖"	"坏糖"
各种蔬菜	粗粮
全谷物	甜饮料
豆类	精致主食
零食	添加糖

（2）讲师讲解糖的重要作用，以及"坏糖"对身体的害处。

屏幕出示关键句子：肝脏处理糖中的果糖成分。

（3）案例解读："每天一个苹果，医生远离我"。

（4）请家长查看孩子的食谱，了解孩子的食谱中哪些是"好糖"，哪些是"坏糖"。

2. 大脑的伴侣

（1）讲师抛出问题：你知道大脑的主要组成物质是什么吗？

屏幕出示大脑图片及关键词：大脑、70%的脂肪。

屏幕出示关键句子：大脑的伴侣是脂肪。

讲师提出问题：食用油为我们提供脂肪，不同的油脂肪含量是不一样的。我们家里用的是什么油？

屏幕出示对比表格（表4-2）。

出示方式：先出示最左列各种油，请家长举手表决"您家经常食用哪种油"。然后再出示两列数据，讲师根据数据简要分析（也可提前做好问卷)。

表 4-2　几种油中 ω-6 脂肪酸和 ω-3 脂肪酸的含量对比

油	ω-6 脂肪酸含量/%	ω-3 脂肪酸含量/%
葵花籽油	65	0
玉米油	54	0
芝麻油	42	0
花生油	32	0
大豆油	51	7
转基因芥子油	20	9
核桃油	52	10
亚麻籽油	14	57
鱼类脂肪	0	100

讲师抛出问题：我们目前用的油适合孩子吗？

（2）让大脑生长的食物。

屏幕出示：大脑图、神经元树结构图。

讲师抛出疑问：大脑会生长吗？

屏幕出示关键句子："脑源性神经营养因子"（brain-derived neurotrophic factor，简称 BDNF）。

屏幕出示激活 BDNF 的方式：锻炼身体、热量限制、健康饮食、额外补充（姜黄素、ω-3 脂肪酸、DHA）。

屏幕出示关键句子：吃对了脂肪，就是在让大脑生长。

（3）请家长查看孩子的食谱，了解孩子的食谱中有哪些健康的脂肪。

3. 微量营养素

讲师简单讲解：维生素 C、叶酸等 B 族维生素、矿物质中的钙和铁的作用。

屏幕出示与以上微量元素匹配的食材。

屏幕出示关键句子：及时、适量地补充微量元素，让大脑得到更好的营养补充。

请家长查看孩子的食谱，了解孩子的食谱中是否包含与微量元素匹配的食材。

4. 有机食物

讲师简单讲解有机食物的特点。

屏幕出示关键句子：食材越自然，对孩子的损伤就越小，身体也越容易接受。

设计意图：结合案例和数据，让家长了解健康饮食背后的科学原理，同时比对孩子的食谱，发现问题。

三、给家长的建议

（1）调整家长的饮食习惯（举例：家长爱吃消夜）。

（2）调整教养方式：

① 正确面对孩子偏食与挑食（举例：孩子不爱吃香菇）。

② 正确面对垃圾食品（举例：关于薯片的强化）。

（3）做好孩子的厨师。

（4）学一些营养学知识。

屏幕逐条出示，讲师讲解。

设计意图：根据家长、孩子常见的问题，举例说明，总结关于"吃"的建议。

召开一次家庭会议，主要内容如下：

（1）从食材的采购开始，邀请孩子及其他家人一起制定一份新的食谱。

（2）请孩子说说我们饮食习惯的问题，与孩子一起调整饮食习惯。

重要的"性"

建议年级

二年级。

活动目标

（1）让家长发现自己对性教育存在误区，需要通过学习改变性教育的观点。

（2）鼓励家长积极开展性教育，科学、冷静地面对孩子在性教育过程中出现的问题。

活动准备

讲师准备：教学课件、标签贴等。

家长准备：笔记本、笔。

活动说明

小时候，孩子们问我们"我从哪里来"，我们会找一个理由搪塞过去。现在，孩子问我们"男生和女生有什么不同"，我们不知道如何回答。信息时代，我们该如何让孩子获取性知识？如何保护自己？一边是孩子的疑问，一边是我们的担忧，家长该如何应对？

活动过程

一、我们的性教育观

1. 课前一天，家长自我测试

使用问卷，请家长根据自己的认识做一份"自我测试"，帮助家长分析自己目前对性教育的了解程度。

2. 自我测试数据分析

屏幕出示：问卷数据分布饼状图及得分说明。

A. 对性教育的态度非常开明，能主动对孩子进行性教育。

B. 对性教育有一定基础，会犹豫如何对孩子进行性教育。

C. 对性教育有基本的知识，但是似乎无从下手。

D. 需要改变对性教育的看法。

小结：我们对性教育有着不同的态度和认识，我们的问题到底出在哪里呢？

3. 我们的性教育误区

（1）屏幕出示以下问题，请家长用纸和笔将自己的答案记录下来。

性教育会让儿童提早接触性。（YES/NO）

不知道如何回答可以巧妙回避。（YES/NO）

等孩子主动提出的时候再开展性教育。（YES/NO）

入学后由学校进行性教育。（YES/NO）

进入青春期再开展性教育。（YES/NO）

性教育主要是为了预防性侵犯而开展的教育。（YES/NO）

儿童通过阅读儿童性教育绘本就可以获得性教育的知识。（YES/NO）

（2）请家长查看笔记，了解自己性教育误区的主要方面。

可以采用举手的形式，查看每个方面的大概人数。

（3）讲师对性教育的误区进行解读，并对此环节进行小结。

小结：家长自身对性知识的误解或缺失，会影响他们对孩子的性教育。

设计意图：本环节设计了两次认知冲突，让家长发现自身性教育的问题，鼓励正确面对性教育。

二、优秀家长的性教育观

1. **性教育的内容**

屏幕出示性教育的主要内容，请家长将这些内容进行分类。

主要内容：（1）我从哪里来？（2）我喜欢交朋友。（3）我愿意与他人协商解决问题。（4）我对自己身体的性探索是自然的。（5）我的隐私部位不能给别人看。（6）我们的不同之处与相同之处。

方法一：事先将这些内容写在便签条上，请两位家长代表上台移动便签条，进行分类。请家长代表讲解分类依据。

方法二：事先运用软件编辑主要内容，请两位家长代表在屏幕上移动文字，进行分类。请家长代表讲解分类依据。

方法三：事先将家长分成若干小组，采用小组讨论的形式，进行分类。请家长代表讲解分类依据。

小结：性教育的内容还真多。其实，家长对以上内容的分类没有绝对的对错，这个环节能够帮助我们突破对性教育的固有认知。原来我们可以从这么多方面入手开展性教育，很多家长在不知不觉中已经在开展性教育了。那么怎样的性教育是恰当的呢？

设计意图：通过对家长的数据分析，让家长知道我们已经在接触性教育了，不必害怕性教育。

2. **恰当的性教育**

（1）屏幕出示案例：为了减少火灾发生，我们最重要的举措是（　　）

A. 知道灭火的步骤　　　　B. 提高对火灾的危险性的认识

请家长举手选择。

小结：最早的性教育倡导的是预防机制，就像我们认为只要告诉孩子如何避免不安全的性行为，就能减少过早的性行为和早孕。以预防火灾为例，如果孩子没有认识到火灾的危险性，只知道灭火的步骤，并不会减少火灾的发生。这一类属于"性知识的教育"，是上一环节我们对性教育内容分类中的一个板块。

（2）对照家长对性内容分类的另一些板块，请家长思考这些内容属于性教育的哪个部分？

现在提倡的性教育是"全面性教育",也就是在性知识教育的同时,还要进行性价值观的教育。只有当一个人有成熟的性价值观时,他才能从根本上对自己、对他人负责。

(3) 什么是性教育?

出示不同年龄段的阶段特点和性教育形式,讲师简单解读。(表4-3)

方法一:一次性全部出示,讲师简单解读。

方法二:选择一些内容,请家长猜测。比如,你认为孩子最早的性发展表现是什么?

表4-3 不同年龄段的阶段特点和性教育形式

年龄段	阶段特点	性教育形式
0岁	最常被家长忽略的黄金阶段	家长行为和态度单项教育为主
3—6岁	提问升级的快速成长阶段	亲子提问回答互动式教育
青春期(前)	系统学习及自我定位阶段	亲子共同交流探讨式教育
成人	健康的性心理影响一生	宽容、理解、支持

小结:采取适合一定年龄段、具有文化相关性的方式,通过提供科学的、准确的、真实的、不带任何批判色彩的信息,传授有关性和人与人之间关系方面的知识。

(4) 什么是恰当的性教育?

家长在传递正确的性知识与健康的性价值观时,需要采取多样化的性教育方式,不仅是单向传递知识,也要从个人的角度考虑,内化到自己身上。

性教育的原则:

关注、了解自己的孩子,选择适合的方式与内容。

用科学的态度开展性教育,不回避、不含糊其词。

根据生活环境的实际情况解读性教育。

关注由性教育延伸出的其他人际问题。

性教育的目标:

我爱我自己,我爱我的身体,我知道我从哪里来。

我能表达自己的看法,我会拒绝让我不舒服的行为。

我爱我的朋友、同学和老师,我可以和他们和谐相处。

我爱爸爸妈妈,我爱我的家。

设计意图：通过消防救火的比喻，让家长知道性教育涉及的内容，以及不同年龄段的阶段特点和性教育的形式，帮助家长树立性教育的全局观。结合案例，了解性教育的基本原则。

作业

（1）回忆：在过去的岁月中，关注了孩子哪些性教育内容？疏漏了哪些性教育内容？

（2）观察：孩子目前对性知识和性价值观有哪些认识？

（3）学习：选择一个性教育内容，练习如何科学地、冷静地回答孩子的有关性的问题。

积极心理

建议年级

三年级。

活动目标

（1）帮助家长了解积极心理学，明白学习积极心理学的好处。

（2）帮助家长使用积极心理学的相关方法调整心态，助力孩子健康成长。

活动准备

讲师准备：教学课件。

家长准备：笔记本、笔。

活动说明

积极心理学是帮助人们克服负面情绪体验，产生积极心理体验和行动力量的一种新的方法，它主张研究人类的积极心理品质。家长学习积极心理学有助于充分挖掘孩子潜在的力量，促进孩子的健康发展，使家庭更加幸福。

活动过程

一、为什么要学习积极心理学

出示一张白熊的图片，请家长不要去想白熊，问家长想到了什么。

美国哈佛大学社会心理学家丹尼尔·魏格纳的一个实验：他出示了一张白熊的图片，要求参与者尝试不要想象白熊，结果人们的思维出现强烈反弹，大家脑海中很快浮现出一只白熊的形象。失眠的人总被告知"睡前不要胡思乱想"，对于伤心的回忆，我们也总提醒自己不要回想，但事实往往与之相反。越是不要我们去做、去想的事情，我们往往越会做、越会回想，这其实就是心理学中的"白熊效应"。

现代人的生活压力较大，焦虑、抑郁、伤心等负面情绪很有可能出现。在应对这些负面情绪时，我们不要反复提醒自己"不要"，因为越压抑，就越会陷入负面情绪中。面对情绪的"白熊效应"，更好的方法是用自己应该做的事情去覆盖那些"不要"，也就是"转移"。例如，当我们想到可爱的笑脸、美丽的鲜花时，白熊就消失了。积极心理学希望我们用积极的心态转移我们的关注点，以产生愉悦的心情，这就是我们提倡学习积极心理学的原因。

二、从积极心理学的角度看待"幸福"

积极心理学之父——马丁·塞利格曼在《持续的幸福》中提出幸福五要素理论，认为幸福的人生取决于五个要素：积极情绪、投入、人际关系、意义及成就。

从积极心理学的角度来看，幸福是一种有意义的快乐。"有意义的快乐"离不开目标与创造，当我们为生活设定积极的目标，勤于创造而非消耗时，我们就能在向目标前进的过程中体验到一种温暖而持久的幸福。

三、心理学中的负面偏差

在我们的生活中，负面偏差现象无处不在，它极大地影响了我们的幸福体验。负面偏差（Negativity Bias）是一种心理现象，表现为人们在记忆、情绪体验、社交互动和归因判断中更容易关注并记住负面信息，而忽视或淡忘正面信息。这种偏差在心理学领域得到了广泛的研究和证实。

从进化心理学的角度来看，负面偏差是人类生存本能的一种体现。在原始社会，人们需要时刻警惕潜在的威胁和危险，因此更容易记住那些与危险相关的信息，以便在面临威胁时迅速做出反应。同时，负面事件往往伴随着强烈的情感体验，如恐惧、愤怒、悲伤等，这些强烈的情感使得负

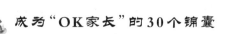

面事件在记忆中留下更深刻的印象,从而更容易被记住。

负面偏差的影响主要体现在以下几个方面:

(1)过度关注负面信息。负面偏差使得人们更容易被负面信息所吸引,导致过度关注生活中的负面因素,忽视或低估正面因素。比如,在社交媒体的新闻中,人们更容易注意政治丑闻、社会事件中的暴力冲突等,这些新闻事件往往带有强烈的情感色彩,容易引起人们的关注和讨论,而相比之下,正面新闻往往被忽视或遗忘。这种关注模式可能导致情绪低落、焦虑或一些心理问题的产生。

(2)影响人际关系。在人际交往中,人们往往更容易记住和回忆与他人的冲突和争吵,而忽视他人的优点和成就,淡忘彼此之间的友好和合作。这种态度可能引发挑剔、指责和冲突,导致人际关系的紧张和疏远,影响个人社交生活的质量和人际关系的健康发展。

(3)归因偏差。在归因判断中,负面偏差可能促使人们更容易将负面事件归因于个人品行或特质,而忽视外部因素或偶然事件的影响。这种归因模式可能导致对他人的偏见或误解。比如,一些人可能对自己持有负面自我认知,更容易关注自己的缺点和不足,而忽视自己的优点和成就。这种负面自我认知可能导致自信心不足、自我价值感低下等心理问题的产生。

(4)影响决策制定。负面偏差还可能影响人们的决策制定过程。在面对选择时,人们可能更容易被负面信息所影响,导致做出过于保守或悲观的决策。比如,在招聘过程中,负面偏差可能导致招聘者过分关注候选人的缺点或过去的不良记录,而忽视他们的潜力和优点。这可能导致错过优秀的候选人。

更为糟糕的是,人类在生活中的大部分时间里根本察觉不到自己有负面偏差,我们被负面偏差悄无声息地影响着。

四、如何拥有积极心理

负面偏差是人类天生的倾向,我们无法完全消除。但我们可以选择有意识地、主动地去关注那些正面和积极的内容来中和、平衡负面偏差带来的影响。积极心理学为我们提供了一些非常好的方法,帮助我们拥有积极的心态。

（1）关注积极点。关注点会引导着我们的思维和行为。如果脑海里充斥着对同事、爱人、孩子等人的负面想法，我们就非常有可能戴上有色眼镜，毫不费力地找出同事的愚蠢、爱人的责备、孩子的叛逆和其他人的缺陷。我们观察到的结果会进一步强化负面偏差，成为"自证预言"。罗丹说过，"生活不缺少美，只是缺乏发现美的眼睛"。对于美好，只要你想看到，便能真的看到。希望我们眼里看到的是别人的优点，是别人好的一面。你会发现换个角度看世界，世界就温柔起来了！

（2）感恩拜访。感恩拜访是一种表达感激之情的方式，向那些在你生活中产生积极影响的人表达你的感谢。你特别想感激谁，把想说的话写下来，找到这个人并念给他听。如果距离较远，或者对方的时间安排比较紧张，那么可以通过视频通话或者写一封感谢信来表达你的感激之情。当表达感激的时候，你能够体会自我的价值，也能够体现他人的价值，生活会重现美好，从而提升生活的幸福感。这种活动不仅有助于增强人际关系，还有助于提升你的幸福感和满足感，让你更加珍惜身边的人和事。

（3）发自内心的笑。科学家发现，笑能释放压力和不良情绪，使心情更为舒畅。笑的过程中，大脑会释放多巴胺，有助于减轻焦虑、忧郁。法国医生迪香也发现，当人的嘴角肌上扬、颧骨肌上提、眼角肌收缩时，这种微笑特别有感染力，经常露出这样微笑的人也会更加幸福。在笑时需要注意，只有发自内心的微笑，才会是自然大方的。

（4）每天想三件好事。研究表明，通过坚持练习"每天想三件好事"，人们可以明显提高自己的幸福感，并且这种幸福感可以持续数周甚至数月。"每天想三件好事"练习是美国积极心理学之父马丁·塞利格曼和米歇尔丁大学心理系的彼得森教授共同设计的，旨在提升个人的幸福感并减少抑郁情绪。这个练习鼓励人们每晚在睡觉前回顾并记录下当天发生的三件好事，这些好事可以是让人感到满足、喜悦、高兴或轻松的事情，无论大小都可以。通过坚持"每天想三件好事"练习，人们可以逐渐增强自己发现美好、创造美好和实现美好的能力。同时，这个练习也能带动周围的人感受和实现美好，增进人际关系。

（5）帮助他人。有研究表明，帮助他人可以促进大脑中与幸福感相关的生理变化。当我们看到别人因为我们的帮助而快乐或解决问题时，我们也会感到满足和快乐。在帮助他人的过程中，我们可以暂时从自己的烦恼和压力中抽离出来，将注意力转移到他人的问题上。这有助于我们放松心情，缓解压力，并提升我们的心理健康水平。当你帮助别人的时候，你会觉得自我价值扩大了，你的生命的价值扩大了，变得更加有力量感和意义感，你的幸福感也提升了。因此，我们应该尽可能多地帮助他人，为他人提供支持和服务。

（6）建立"积极档案"。"积极档案"指的是一种用于记录、保存和展示个体或群体积极情绪、积极特质、积极经历或成就的档案系统。这样的档案系统可以帮助个体或群体更好地认识和发挥自己的积极力量，增强自信心和幸福感，促进个人和社会的进步。"积极档案"可以包含各种形式的记录和资料，如照片、文字描述、视频片段、喜欢的艺术作品（音乐、名画、诗句）等，这些都可以用来记录和展示个体或群体的积极方面。例如，可以记录一个人在学习、工作、社交等各个领域中的成功经历、积极情绪和取得的成就，也可以记录一个团队在合作、创新、解决问题等方面展现出的积极特质和成果。

邀请孩子跟你一起进行"每天想三件好事"练习，坚持一段时间（至少7天）后，谈谈彼此的感受。

减压赋能

建议年级

四年级。

活动目标

（1）让家长了解压力对孩子健康成长的影响。

（2）使家长能觉察自己生活中的压力源，学会在体验活动中解压放松，并在生活中应用心理调适的方法。

活动准备

讲师准备：多媒体课件。

家长准备：1张白纸和1支笔。

活动说明

很多家长在平时的生活和工作中都会感受到压力，适度的压力会让我们更有动力和责任心，但过度的压力会让我们的行为与情绪难以控制，从而影响到对孩子的教育。因此，家长们能觉察自己生活中的压力源，理性看待压力和学会解压放松显得尤为重要。

活动过程

一、互相捶捶背

活动要求：请全体家长一起参与，先帮你左边的伙伴敲敲后背、捶捶肩膀,再帮你右边的伙伴捶捶后背、捏捏肩膀。

问:现在感觉怎么样?

家长互动。

二、你说我画

活动要求:根据指令一笔一笔地画,不能问,不能涂擦,不能相互观望。请大家准备好纸和笔,随心而画。

家长画画体验。

分享要求:4人一组,互相欣赏画作,每组选出一幅最漂亮的画作,再选出一幅最抽象的画作。

小结:大家的画作风格迥异,其实这涉及心理学的投射原理,画得越漂亮,说明此刻你的压力越大,而画得越抽象,说明你的心理压力越小。

三、压力与工作关系图

思考:压力越小越好吗?

家长互动。

讲师提问:从压力与工作关系图中,你看出了什么?

家长互动。

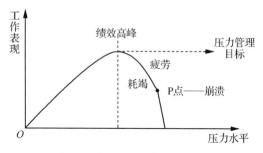

压力与工作关系图

小结:无压力会使人缺少警觉,无动力与责任心,缺乏意志力,易出错。适度的压力会让我们更有动力、责任心,能力可正常甚至超常发挥。过度的压力则会让我们的行为与情绪难以控制,思维受阻。

四、突破压力困境

问:压力是会传染的,它会影响到我们与身边人的关系,很多亲子关系问题就源于压力过大。你们平时会使用哪些方法来放松呢?

家长互动。

师:今天我要带领各位体验缓解压力的活动——突破压力困境,这个方法是由清华大学心理学系教授樊富珉老师提出的,它能帮助练习者找到压力的主要来源,发掘自身的资源和力量,是一种积极资源取向的压力管理方法。

我们每个人都是天生的画家,可以用最简单的线条和图形进行表达,不用担心自己画得好不好看,因为这不是给别人看的,也不是作为艺术用来欣赏的,而是用来连接自己的内在,进行自我压力的调节和管理的方式。突破压力困境共有四个步骤,我们一起来练习吧!

步骤一:标注白纸。

请把你手中的白纸对折后再对折,展开后得到4个方框,并标注左上用来画第一幅画,右上用来画第二幅画,左下用来画第三幅画,右下用来画第四幅画。这就是我们自制的突破压力困境图。

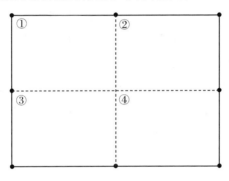

突破压力困境图

步骤二:冥想放松。

让自己有一个舒服的坐姿,跟随一首放松的音乐调整自己的呼吸。请用鼻腔深深地吸气,在内心默数4秒,然后屏住气,在心里默数2秒;再缓缓地通过嘴巴将刚才吸进去的空气长长地吐出来,在心里默数6秒。重复以上步骤三次。这是一个简单的呼吸放松法,接下来,我们继续保持平静,闭上眼睛,发挥我们浪漫的想象力。

请你想象:现在的你,暂时离开了家,来到了海边。大海风平浪静,阳光和煦温暖,天空纯净湛蓝,云朵洁白轻盈,海鸥自由翱翔。你站在海边,迎面吹来凉爽的海风,脚下踏着松软的沙滩,海水拍打着你的脚面,你感觉凉爽、清新、惬意。你好像整个人都融入了大自然,感觉非常放松。请你在这样放松的状态里待一会儿，慢慢地睁开眼睛，回到当下。

步骤三：绘画解压。

现在，我们要在左上的格子里开始第一幅画的创作了。请你画出自己此时此刻的状态。通过刚才的呼吸放松和冥想放松，大部分的人会处在一个比较平静的状态中，请通过觉察自己当下的感受，画出第一幅画。第一幅画可以让我们平心静气，抛开杂念，集中精力，关注当下。

接着，我们要在右上的格子里开始第二幅画的创作。请想一想，最近在你的生活中，让你最操心、最烦恼、最有压力的事件是什么？越具体越好，并用绘画的方式把它呈现出来。也许有很多事情让你觉得焦虑烦躁，但请聚焦一件让你最有压力的事件，并把它画下来。

然后，我们要在左下的格子里开始第三幅画的创作。请你想一想，针对第二幅画中的压力事件，你有哪些方法、措施和策略可以去应对和解决它？请发挥自己无尽的创造力，尽可能发散地、大胆地、努力地去想象。很多时候，压力会激发我们的潜能。请把你能想到的所有可以用来解决第二幅画中困扰的方法全部画出来。画完以后请你认真看一看，这些都是你的资源。面对压力事件，你是有办法的！

最后，我们在右下的格子里完成第四幅画的创作。请你想一想，假如你用第三幅画中的方法，解决了第二幅画中的困扰，那你的生活会变成什么样？会变得轻松、愉悦、快乐、幸福、满足吗？那是一种什么样的状态？请细心感受，并画下来。

步骤四：反思分享。

当你完成这四幅画以后，花点时间回顾一下：在整个练习过程中，你的感觉如何？它给你带来哪些启发？请你和身边的伙伴一起分享彼此的感受，互相倾诉、互相鼓励、互相学习。

家长互动。

小结：家长情绪稳定，是对孩子最好的教养。情绪稳定的家长，才能养育出内心阳光的孩子。用平和的情绪感染孩子，陪孩子一起成长！

邀请孩子跟你一起做"突破压力困境"练习，完成后分享各自感受。

运动的秘密

建议年级

五年级。

活动目标

（1）让家长意识到运动不仅能够提高身体素质，丰富的、有计划的运动还可以促进大脑的持续生长，调节情绪状态等。

（2）鼓励家长与孩子一起制订一份操作性强、内容丰富的运动计划。

活动准备

讲师准备：教学课件。

家长准备：笔记本、笔。

活动说明

我们常说，现在孩子的学习内容比我们小时候多，所以作为家长就要想办法让孩子更努力地学习。学习多了，运动和玩耍的时间自然少了。这样的牺牲值得吗？运动和人的发展有怎样的关联？如何制订适合的运动计划？

活动过程

一、相同的年龄，不同的童年

1. 课前一天对家长进行问卷调查

使用问卷，调查家长与孩子在各自小学阶段玩过的游戏及做过的运动。

2. 问卷数据分析

小结：童年，我们玩的游戏和做的运动与现在的孩子有很多不同，只是因为社会的变化吗？这样的变化会带来怎样的影响？

设计意图：通过数据对比，让家长发现运动形式和量的变化，从而引发思考。

3. 案例分析

（1）屏幕出示某地研究的数据。

某地对 41 名幼儿园儿童进行为期 10 周的体育游戏融合感觉统合训练干预。通过实验对比发现，10 周的干预对儿童的身高、体重影响不显著，对儿童身体素质有提升作用，对儿童的手部精细化能力、定位与抓取能力、动态身体平衡能力有非常显著的提升作用。

（2）屏幕出示关键词：学习能力、记忆力、专注力、动静态姿势的控制、情绪控制力、生活自理能力、社会交往等。

讲师提问：我们的孩子有出现过以上问题吗？请家长举手示意。

（3）屏幕出示概念：感觉统合（Sensory Integration，SI）指大脑把身体不同感觉器官接收到的感觉信息进行多次的组织分析、综合处理，做出正确决策，从而使肌体和谐有效运行的过程。它是大脑与身体相互协调配合的反馈过程，也就是人体受到不同的外界刺激后，利用自己的感觉器官以及不同的感觉通路（视觉、听觉、触觉、嗅觉、味觉、本体觉和前庭觉）将从环境中获取的信息输入到大脑，大脑再对接收到的感觉信息进行识别整合、加工处理，并作出适应性反应的过程。

屏幕出示关键词：大脑与身体相互协调配合的过程、识别整合、加工处理、适应性反应。

（4）屏幕出示概念：感觉统合失调（简称"感统失调"，Sensory Integration Dysfunction，SID）是学习能力障碍，属于大脑功能失调的一种，指个体各感觉系统间的信息组织与输入通路发生异常，外部感觉信号很难在大脑神经系统中有效整合，出现对外界刺激过分敏感或不敏感、行为左右支绌的一系列现象。

（5）屏幕出现关键词：运动。

讲师提问：运动和不运动对学习有影响吗？

设计意图：从最新研究的真实数据入手，引导家长发现运动对孩子的影响。了解科学研究下的感觉统合，鼓励家长关注孩子的运动能力。

4. 零点体育课

屏幕出示关键句子：经过半学期的学习，参与零点体育课的学生的阅读和理解能力提高了17%；与之相比，喜欢睡觉以及那些参加标准体育课的学生，他们的阅读和理解能力提高了10.7%。

讲师提问：怎么会这样呢？有科学依据吗？

设计意图：制造认知冲突，唤醒家长对运动与学习能力的思考。

二、越动越多的脑细胞

1. 变化的"BDNF"

（1）什么是BDNF？

屏幕出示：脑源性神经营养因子（brain-derived neurotrophic factor，BDNF）。

讲师讲解BDNF的作用：神经递质执行信息传递，BDNF则建立和保养神经细胞回路，即大脑自身的基本结构。

屏幕出示BDNF的研究数据。

屏幕出示关键句子：运动能让神经细胞准备就绪，并促进它们相互连接，这是联通新信息的细胞基础。

设计意图：通过展示科学数据，帮助家长了解BDNF的作用，以及运动对BDNF的促进作用。

（2）运动实验室：科特曼与老鼠大脑的BDNF实验。

屏幕出示实验结果：跑得越久，大脑内的BDNF水平就越高。

屏幕出示关键句子：如果你身体健康，就能更有效地学习和工作。

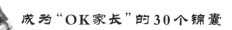

（3）2007年人类研究中的德国研究员数据。

人们在运动后学习词汇的速度比运动前提高了20%，学习速度和BDNF水平有直接关系。

小结：看来运动与BDNF水平很有关系，BDNF与我们的学习也有关系。那么到底什么是BDNF呢？

2. 变化的"突触"

（1）学习一个新的法语单词的过程。

屏幕出示：神经细胞的图像。

讲师介绍：2000年诺贝尔奖获得者、神经学家埃里克·坎德尔（Eric Kandel）发现，不断重复激活或练习，会让突触自发肿胀，建立更强的练习。一个神经细胞就像一棵树，突触就是生长的分支，而最终树干会长出新的分支，即会有更多的突触进一步巩固相互间的联系。

（2）唐纳德·赫布的老鼠与加州大学伯克利分校的"环境优化"实验模型。

屏幕出示研究结果：唐纳德·赫布研究发现突触在学习的刺激下会重新进行自我调整。

屏幕出示研究结果：生活在一个有更多感官刺激和社会化刺激的环境中，大脑的结构和功能发生了改变，大脑重量也会增加。

屏幕出示关键句子：运动激发海马体的干细胞分化成新的神经细胞。

3. 小结

（1）运动让神经细胞准备就绪，并促进它们相互连接，这是联通新信息的细胞基础。

（2）运动激发海马体的干细胞分化成新的神经细胞。

屏幕出示关键词：大脑会生长。

设计意图：结合案例，让家长知道运动可以让神经突触得到更好的生长。

三、让沉睡的大脑苏醒

1. 活动体验

活动提醒：全场进行一组有一定运动量的，同时又有一定趣味性的活动，活动时间3~5分钟，尽量全场参与。

小结：我们感受到了运动能给我们带来欢乐，长期运动和短期运动带来的乐趣一样吗？

2. 数据分析

屏幕出示相关对比数据图。

3. 内啡肽

案例描述：罗伯特派尔斯的马拉松案例。

屏幕出示关键句子：内啡肽能够帮助个体减轻身体的疼痛，同时在心理上产生愉悦感。

内啡肽也被视为压力激素。

屏幕出示关键词：运动可以改变情绪状态。

设计意图：通过活动体验，舒缓学习气氛，同时过渡到对运动量的思考中。

四、最佳运动计划

1. 讲述实验案例

运动实验室：运动20分钟，心率处于最大心率的70%～80%之间，边运动边学习。

屏幕显示实验结果：不要一边运动一边学习。

运动实验室：运动之前、之后学习的对比实验。运动35分钟，心率处于最大心率的60%～70%之间。

屏幕显示实验结果：运动后学习，认知灵活性大大提高。

2. 讲述实验故事

格里诺教老鼠技能的实验。

屏幕出示实验结果：学习杂耍的老鼠小脑内BDNF水平增加了35%，跑步的老鼠小脑内BDNF水平没有变化。

屏幕出示关键句子：有氧运动和复杂活动对我们大脑产生不同的有益影响，而且它们之间是互补的。

小结：技巧学习加有氧运动能增加BDNF水平。

3. 出示体育老师的运动建议

（1）简单描述五年级学生的身体特点。

（2）出示体育老师推荐的运动项目。

设计意图：结合案例与实验故事，引发家长对运动计划的思考。

五、运动的其他作用

屏幕显示：阻断大脑压力反馈、运动带来自信、运动提升专注力等。

设计意图：拓展运动的其他作用。

作业

（1）交流：孩子最喜欢的运动或游戏项目。

（2）探讨：与孩子一起制订一个操作性较强的、内容丰富的运动计划及目标。

健康上网

建议年级

六年级。

活动目标

（1）帮助家长认识到网络对孩子成长的影响。
（2）帮助家长引导孩子健康上网，制订科学合理的上网契约。

活动准备

讲师准备：多媒体课件。
5位家长志愿者和5位学生志愿者准备辩论材料，辩题为"网络的利与弊"。

活动说明

随着科技的快速发展，网络对于我们来说，是极其熟悉的存在。然而，有些家长却对网络抱有成见，谈"网"色变，这是因为很多青少年自控力不强，沉溺网络，导致严重的后果。作为家长要正确看待网络，善用网络，掌握孩子的上网心理及动向，当好孩子的引路人，引导孩子选择有利于他们成长的网站，并有针对性地做好疏导工作。

活动过程

一、网络数据我来看

中国互联网络信息中心（CNNIC）在北京发布的第53次《中国互联网络发展状况统计报告》显示，截至2023年12月，我国网民规模达10.92亿人，较2022年12月增长2 480万人；互联网普及率达77.5%。

在信息化时代，电子产品已然成为人们生活、学习必不可少的工具之一。尤其是在假期，为了方便联系，或出于上网课等需要，许多家长不得不放宽了孩子使用网络的"权限"，但又不可避免地感到不安与焦虑。

放假以来，儿子就像变了个人似的，手机游戏一玩就是好几个小时，我很担心他的健康！

最近，我发现女儿半夜三更还在用微信聊天，日夜颠倒，这可怎么办啊？

儿子说"同学都有手机了"，他也想要一个，我要不要答应呢？

孩子写作业时也老喜欢开着手机听音乐，批评教育了无数次，她非但不听还把房门给关上了，哎！

……

共青团中央维护青少年权益部、中国互联网络信息中心发布的《第5次全国未成年人互联网使用情况调查报告》显示，我国未成年网民规模不断扩大，2022年未成年网民规模达到1.93亿人。2018—2022年，未成年人互联网普及率从93.7%增长到97.2%，基本达到饱和状态。未成年人用网低龄化趋势明显，过去5年，小学阶段的未成年人互联网普及率从89.5%提升至95.1%。未成年人使用互联网的广度和深度明显提升，未成年网民使用手机上网的比例一直保持在90%左右。智能手表、智能台灯、词典笔、智能屏等设备在未成年网民中的使用率均超过20%。

讲师小结："网络"这两个字对于现在的人来说并不陌生。随着科技的快速发展，网络对于我们来说是极其熟悉的存在，它意味着人类科技的飞跃和进步。但是不同的人对于网络却有不同的意见。一种意见是，上网利大于弊；另一种意见是，上网弊大于利。

二、网络的利与弊

讲师：今天的家长学校活动，我们分别邀请了 5 位家长志愿者和 5 位学生志愿者进行"网络的利与弊"的辩论赛。正方的代表是 5 位学生，他们的观点是网络的利大于弊。反方代表是 5 位家长，他们的观点是网络的弊大于利。

学生与家长的辩论赛。

辩论的程序：

1. 开场白

比赛开始时，每个参与者需要进行自我介绍和开场白，简单介绍自己的观点和立场。

2. 正、反方发言

正、反方轮流发言，每个参与者有一定的时间限制，通常为 3~5 分钟。发言时，参与者需要就主题展开辩论，提出自己的观点和证据，反驳对方的观点和证据。

3. 自由辩论

在正、反方发言结束后，会有一个自由辩论的环节。参与者可以自由发言，提出自己的观点和证据，或者针对对方的观点和证据进行反驳。

4. 总结陈词

比赛结束时，每个参赛者需要进行总结陈词。总结陈词是参赛者最后一次展示自己的机会，需要简洁明了地表达自己的观点和立场，并总结自己的证据和论点。

网络的好处：首先，上网可以拓宽我们的视野。通过网络，我们能随时了解到国内外的新闻，欣赏大千世界的美丽风光，倾听海内外歌手的美妙歌曲，知道世界上的最新动态，真正实现"秀才不出门，尽知天下事"。其次，通过网络，我们能学到丰富的知识，在网上的学习能使被动变为主动，能使书本上枯燥无味的内容变得生动形象，易学易懂又易记，真是我们学习文化知识的好帮手。最后，网络可以为我们的生活增添无穷的乐趣，在心情不好或者学习累了的时候，上网听一听音乐，看一看电影，可以消除疲劳、调理心情，劳逸结合，放松过后，我们更能够全身心地投入学习。

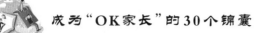

网络的坏处：一是影响学习，荒废学业。由于很多中小学生自制力不强，一旦上网成瘾，则一发不可收拾。逃课、晚归，泡在网吧中消磨光阴，逃避紧张的学习，虚度自己的花样年华。这真是浪费了青春，荒废了学业，挥霍了钱财，影响了前途，到头来后悔终生。二是沉迷上网会严重损害身体健康。由于长时间上网，视力、记忆力明显下降，加上缺乏户外锻炼，睡眠不足，作息没有规律，身体免疫力降低，各种疾病随时都可能向你侵袭。三是网络生活会让人的沟通能力减弱。缺少与他人面对面的交流和沟通，大多数学生往往沉迷于神秘和虚幻的情境中不能自拔，容易养成孤僻的个性。

讲师点评和小结：总而言之，网络是一把双刃剑。只要我们正确利用网络，不浏览不健康的网页，不迷恋网上聊天，不沉溺网络游戏，带着一颗上进的心，运用网络做一些对我们成长、学习有帮助的事，网络就能成为我们的好帮手。

三、"沉迷"背后的秘密

心理学家马斯洛曾提出需要层次理论。他认为，人们在生活和成长的过程中需要满足一些特定的心理需求才能获得发展，如生理需求、安全需求、归属与爱的需求、尊重需求和自我实现的需求。许多沉迷网络的孩子往往在现实层面得不到某些心理需求的满足，才会转向虚拟世界。

生活在忽略型家庭中的孩子往往感到不安全、孤独、寂寞，但在网上可以轻易找到聊天的对象，满足其对陪伴、对爱的需求；青春期的孩子特别重视同伴的评价，当大家都拥有手机时，他们也会十分急迫地想有一台手机以表示对同伴群体的认同；有的家长过分关注学习，常常批评否定孩子，忽略了孩子情感方面的体验，孩子就体会不到归属感、成就感，也会转向虚拟世界寻求安慰；如果学校学业表现不佳，那么游戏世界往往会成为孩子自我逃避的出口……

因此，只有真正理解了孩子爱玩手机背后的心理原因，才能对症下药。

四、合理上网我能行

采访家长：你觉得怎样做才能帮助孩子正确上网？

采访孩子：你希望家长怎么帮助你合理使用网络？

亲子互动。

讲师点评与小结：家长帮助孩子正确上网可以这样做。

1. **以身作则，透明化使用**

家长可以尝试在长时间使用手机前跟孩子进行一个说明。比如，告诉孩子"我用手机是为了工作"，增进孩子对家长使用手机的认同感与理解；同时可以跟孩子约定使用时间，到时准时结束，为孩子树立良好的榜样。

2. **制订契约，培养时间观念**

孩子在学龄阶段并不具备很强的时间观念，所以需要家长引导孩子学会控制使用手机的时间。亲子之间可以一起制订使用契约，而后温和且坚定地执行，教会孩子合理规划自己的时间，进而达到控制手机使用时间的目的。

3. **利弊分析，提升自我管理**

家长可以和小学高段的孩子一起进行手机使用、网络使用的利弊分析，提升孩子自己进行手机使用管理的内在驱动力。

4. **培养兴趣，增强自然联结**

家长要多鼓励、支持、陪伴孩子发展多样的兴趣爱好，并多带孩子接触大自然，让孩子的生活变得丰富起来。

讲师小结：归根结底，对于家庭教育中的"网络难题"，封堵注定不是出路，解决问题的关键也从来不在网络上面。作为孩子教育的第一责任人，家长要随时关注孩子的精神需求，用有意义的事情填补他们的精神缺口，并帮助他们提升自我管理的能力，如此才能抵御不良诱惑的影响。希望各位都能善用网络，陪伴孩子健康成长！

邀请孩子跟你一起制订家庭健康上网契约。

专项问题

扣好人生"第一粒扣子"

建议年级

一年级。

活动目标

（1）帮助家长认识并理解"第一粒扣子"的概念，明确在孩子成长过程中，哪些是基础且关键的"扣子"，如乐学、责任、善交和习惯等。

（2）帮助家长掌握培养孩子基础能力的方法，学会如何在家中有效地培养孩子的自学能力、合作能力、责任感以及良好的社交能力和习惯。

（3）帮助家长建立家校共育的意识，认识到与学校、老师沟通合作的重要性，共同促进孩子的全面发展。

活动准备

讲师准备：前学材料、多媒体课件以及"模拟课堂"活动计划。

家长准备：前学材料、笔记本、笔。

活动说明

本课程旨在帮助家长认识到在孩子刚刚进入小学时扣好人生"第一粒扣子"的重要性，并提供具体的方法和策略。通过模拟课堂、小组讨论、案例分析等互动形式，引导家长深入理解并掌握培养孩子基础能力的技巧。同时，本课程也强调家庭教育和学校教育的紧密结合，鼓励家长积极参与孩子的学习，与老师协作，为孩子的健康成长创造良好的环境。

活动过程

一、"第一粒扣子"是什么

刚刚升入一年级的小朋友,正式开启了自己的学习生涯。常言道,"良好的开端是成功的一半"。处于这一阶段的小朋友有太多的"扣子"需要学习怎么去"扣",学会"扣"哪些"扣子"才是他们的当务之急呢?

1. 乐学的"扣子"

现场邀请40名家长上台,共同体验一次日语课堂。

(1) 家长在参加本次家长学校活动前,学习相关知识(10个日语中的平假名)。

您可以通过网络学习,也可以向会的人请教。

(2) 小组交流。

① 按顺序交流已经学会的平假名。

② 由组长负责整理全组都已经学会的平假名。

(3) 小组学习。

在小组内交流别人不会而您会的平假名,重点交流您是如何记住它的。

(4) 小组过关。

① 先在小组内自己练习,遇到困难请教同伴。

② 每人都做一次老师,打乱平假名的顺序,考考其他组员。

(5) 课堂反思。

① 刚才的课堂中,"老师"教了吗?"学生"学会了吗?

② 请大家想想:"学生"为什么学会了?

③ "学生"在这节课上只学会了平假名吗?他们还学到了什么?

④ "学生"真正学到的是什么呢?你来描述一下。

(6) 从模拟课堂中,你体会到了什么?

学习能力:自学能力、倾听能力、合作能力、动手能力、表达能力、质疑能力……

小学阶段的学习是初高中学习的根基,而一年级第一学期是整个小学阶段的根基。

小学六年，其实可分为三个阶段。

一、二年级是孩子极其依赖家长的时期，也是行为习惯养成的关键时期。

三、四年级是孩子由依赖家长到自立能力增强的转型时期。孩子会开始主动积极地接收知识，会有很多机智的表现，会不时地让家长惊叹。

五、六年级是孩子自主、全力吸收知识的时期。我们发现，这时候我们口头上能教给他们的东西已经不多了。作为家长，在这个阶段能做的，就是多给孩子提供优良的学习空间与条件，借助书本给孩子传递丰厚的知识。

2. 责任的"扣子"

要让孩子适当地承担家务，同时要让孩子知道学习是自己的事情，要对自己的学习负责。

3. 善交的"扣子"

（1）在人际交往中要常用礼貌用语，语气要委婉、亲切、不做作。

（2）引导孩子主动和别人打招呼。

（3）引导孩子包容别人的缺点和不足。

（4）不能无故打断别人的讲话。

（5）不在背后说别人的坏话，或打听别人的隐私。

（6）真诚待人，讲信用。

（7）不捉弄和嘲弄别人。

（8）善于发现别人的优点，不拿自己的优点到处炫耀。

（9）聊天时，尽量讲两人感兴趣的话题。

（10）与人交往中不要有过多的物质往来。

（11）不对自己的成绩得意忘形，要照顾到成绩不理想的同学的心情。

（12）引导孩子时常参与集体活动。

4. 习惯的"扣子"

（1）要让孩子养成良好的习惯。

习惯大体上可以分为生活习惯和学习习惯等。

① 生活习惯：生活自理、安全意识、规则意识等。

② 学习习惯：良好的阅读习惯，认真书写的习惯，有条理的习惯，及时改错的习惯，独立解决问题的习惯，爱提问、会思考的习惯，集中精力做事情的习惯……

此外，还要重点关注孩子的运动习惯、劳动习惯等。

（2）关注孩子的全面发展。

① 关注学习内容，更要关注学习态度；

② 关注练习质量，更要关注学习习惯；

③ 关注学习，更要关注孩子的情绪。

（3）关注自己的状态。

① 管好自己的情绪，少些急功近利；

② 主动沟通，积极配合。

二、"第一粒扣子"谁来"扣"

培养孩子需要家庭教育和学校教育的合力，家长和老师都是教育的责任人，要时刻关注孩子的发展。

作为家长，您可以努力成为教育的"合伙人"，和学校形成教育合力，最终促进孩子共同成长。

中国青少年研究中心曾经对148名杰出青年做过调查，发现这些青年之所以杰出，是因为他们身上体现了以下好习惯：

60.13%的人"坚持认真完成作业"，81.08%的人经常在家帮助父母做家务。

不难发现，成功都是从好习惯开始的。和谐的家校关系更是孩子健康成长的保障！

为了孩子，您现在最需要高度关注的是孩子的学习习惯、学习兴趣、学习态度。

作业

（1）家长自我反思报告：请家长撰写一篇关于在孩子成长过程中自己所扮演的角色、采取的教育方法以及孩子目前发展状况的自我反思报告。报告中需包含对孩子学习、责任、社交和习惯等方面的观察和思考。

（2）家校共育计划：请家长与孩子一起制订一份家校共育计划，明确在家庭和学校中分别要培养哪些方面的能力和习惯。计划中需包含具体的行动步骤、时间安排和预期成果。

情绪管理小秘诀

建议年级

二年级。

活动目标

（1）帮助家长理解孩子成长过程中出现的各种情绪是正常的，并且每种情绪都有其存在的必要性。

（2）引导家长通过给情绪命名、提供适当的情绪发泄方式等策略，协助孩子有效应对和调节自己的情绪。

（3）提升家长在孩子情绪教育方面的认知和技能，使其成为孩子情绪管理的第一任老师和支持者。

活动准备

讲师准备：培训材料。
家长准备：笔记本、笔。

活动说明

本课程旨在帮助家长正确理解并引导孩子面对成长过程中的各种情绪。通过讲解情绪管理的重要性、给情绪命名的方法以及提供适当的情绪发泄途径等内容，助力家长成为孩子情绪管理的引导者和支持者，进而促进孩子情绪的健康发展和自我调节能力的提升。

活动过程

一、高情商的基础是什么

（1）部分家长的错误认识。

一直以来，很多家长都有一个错误的认识，即孩子高兴才是好的，孩子不开心对他是有害的。事实上，一个心智健康的孩子并不会一直开心，而是在经历各种不同的情绪之后，具有自我调节的能力和应对不同情绪的能力。那些艰难的经历、难过伤心的情绪，恰恰是培养孩子意志力和抗压能力的关键。

（2）请家长谈谈对高情商的认识。

（3）研究表明，孩子有效应对各种情绪的能力，是他今后学习、工作和人际交往中很关键的因素，也是高情商的基础。这种能力并不是天生的，而是需要后天习得的，家长毫无疑问是孩子学习这项能力的第一任老师。

二、正确认识情绪

（1）提问：您喜欢孩子笑还是哭？请写下您的理由。

（2）正确面对孩子的笑与哭。

为什么孩子在笑的时候家长不会阻止，但一旦孩子哭，家长马上会说"不许哭，不要难过"呢？作为家长，我们需要明白，情绪本身是没有对错的，爱和恨、伤心和愉快、愤怒和平和，都有它们存在的合理性。家长不应该先入为主地将情绪分出优劣高下，更不应该刻意让孩子回避某些情绪。

（3）帮助孩子认识情绪才能使其更好地应对情绪。

家长对情绪有了正确的认识后，才能教会孩子如何应对情绪——不要害怕自己的各种情绪，而是接纳它们。在孩子人生的早期，如果家长能够帮助孩子认识各种各样的情绪，他就更有可能学会管理自己的情绪。

三、给情绪命名

（1）家长回想一下最近一次特别生气的场景，请写下时间、地点、人

物,简写事情的起因、经过,谈谈现在的感受。

(2) 孩子的感受。

在遇到愤怒、伤心、沮丧、失望等情绪时,孩子会感到非常无助。而且由于年龄尚小的孩子并不了解情绪,他们只是觉得心里非常难受,要靠哭来发泄,这种"不知道到底怎么了"的感觉还会让孩子觉得很可怕。如果这时家长还在一旁说"有什么好哭的,不许哭了",甚至说"再哭就不喜欢你,不要你了",这会让孩子感到更加疑惑,他会把家长的评价归咎于自己正在经历的情绪,从而对某些情绪产生自卑或羞愧感。

(3) 给情绪命名。

帮助孩子进行情绪管理的第一步,就是给孩子正在经历的各种情绪命名,教孩子认识情绪。需要注意的是,在给情绪命名时,不要带有感情色彩,不是评论情绪,而是客观地描述情绪。这样能够给孩子传递一个很重要的信息:这些情绪都是正常的,情绪没有好坏之分。

① 小华遇到一道数学题目,怎么也做不出来,于是大哭起来,爸爸跟他说:"做不出题目,你很沮丧!"

② 周一的早上,爸爸要出发去另一个城市出差时,小华哭着不让爸爸走,妈妈抱着他说:"你好伤心,爸爸要去上班了,你舍不得。"

③ 小华吃过晚饭还想出去玩,被妈妈拒绝后大叫大闹起来,妈妈跟他说:"你非常生气,因为不能出去玩而感到生气。"

其实这种方式正是我们通常所说的"共情",这是有效进行亲子沟通非常重要的一种方式。

(4) 头脑风暴。

您还可以给孩子的哪些情绪命名?请结合实例说一说。

四、不要堵住孩子情绪宣泄的出口

相信很多家长有这样的误区,总是想让那些不好的情绪远离孩子。然而,如果孩子当下的情绪没有得到释放,积累到一定程度时,他们总会找到其他途径释放情绪的。

1. 因情绪出现的其他表现

正因为如此,孩子在被家长要求"不许哭、不要叫"之后,通常都会有两种极端的表现:一种是"外放式"的,即通过肢体暴力来发泄情绪,如打人、咬人等；另一种是"内敛式"的，孩子的情绪没有得到认可，他会觉得是自己不对，因此变得异常焦虑、敏感甚至自卑。

2. 正确释放情绪

案例：爸爸出差之前，小华哭的时候，妈妈会说："不要难过，周末爸爸就回来了，开心起来。"这样说对不对？有没有更合适的表达呢？

其实还有更合适的表达。因为这样即使小华配合地表现出了微笑，但她的情绪还聚集在心里，并没有得到释放。正确的做法应该是带着小华到门口，和爸爸挥手说再见，并告诉小华："爸爸要去上班了，你很伤心。我们和爸爸说'拜拜'，等着爸爸周末回来陪你玩。"在关上门的一瞬间，小华还是会哭，但她的情绪得到了认可，也找到了宣泄的出口。

五、教给孩子适当发泄情绪的方式

当孩子认识了自己的情绪之后，他们就会慢慢学会调节自己的情绪。如果孩子还是无法很好地表达自己的情绪，或者情绪太过激烈，家长应该教给他一些适当发泄情绪的方式，以免孩子出现破坏物体、伤害自己、伤害他人的情况。

1. 引导孩子画画

这是小孩子经常用到的发泄情绪的方式。当孩子特别生气时，给他一支笔和一张白纸，引导他生气就画出来。孩子握着笔乱涂乱画时，家长可以平静地跟他说："你真的很生气！太生气了！"等他画完，再说："我们一起把这些'生气'撕掉吧。"在建立了这样的联系之后，画画就会成为他今后发泄情绪的方式之一。

2. 带着孩子一起解决问题

前面的案例中提到，小华会因为做不出来题目感到非常沮丧，对于这类情绪问题，最有效的方法就是给他一些提示，启发他用其他的方式来解决问题。需要注意的是，这时家长不要代替孩子做事，孩子之所以觉得沮丧，就是因为他感到了自己的"无能"。家长代替他做并不能让他体会到成功的快乐，这对于释放沮丧的情绪并没有帮助。

3. 让孩子借助"武力"发泄情绪

如果孩子的情绪太激烈而无法平复，我们可以提供给孩子一个安全地带，让孩子借助"武力"来发泄。因为与其让孩子用破坏物品、伤害自己甚至伤害他人的方式来发泄情绪，不如主动为他提供安全的地方让他发泄。

其实，育儿的本质是陪伴而不是控制，陪伴孩子去体验、去经历，而不是让他成为我们心里那个"理想的孩子"。对于孩子的情绪管理是如此，对于教育的其他方面也是如此。

作业

（1）情绪记录与分享。请家长与孩子一起回顾并记录孩子最近出现的情绪变化，可以是开心的时刻，也可以是悲伤的经历。记录内容应包括当时发生了什么、孩子说了什么、家长如何回应以及孩子的反应等。这样的记录有助于家长更深入地了解孩子的情绪世界，并为后续的情绪管理提供参考。

（2）请家长在孩子下一次发脾气时，尝试引导孩子使用画画、写日记等方式发泄情绪。在孩子发泄情绪后，与孩子分享彼此的感受，并记录下来。这项作业的目的是帮助家长和孩子共同探索适合孩子的情绪发泄方式，并加强沟通，增进彼此在情绪管理方面的理解。

过渡期里寻突破

建议年级

三年级。

活动目标

（1）帮助家长深入了解中年级孩子的身心发展规律，包括他们的认知、情感、社交和身体发展等方面的特点。

（2）帮助家长掌握科学育儿的方法与策略，学习如何与孩子建立更亲密的关系，如何激发孩子的兴趣和动力，以及如何帮助他们应对学习和生活中的挑战。

（3）强调家校合作在孩子成长过程中的重要性，并鼓励家长积极参与学校的教育活动。

活动准备

讲师准备：课中培训材料。
家长准备：笔记本、笔。

活动说明

中年级是孩子成长过程中的一个重要阶段，也是孩子身心发展的关键期。在这个阶段，孩子面临着如身体发育、心理发展、学习要求等方面的诸多挑战和变化。这些变化对孩子未来的发展具有深远的影响，因此，家长和学校都需要高度重视对这个阶段的孩子的教育和引导。本课程将从孩子身心发展的特殊性入手,深入分析中年级孩子面临的各种问题,并提供科学有效的解决策略。同时,课程强调家长在孩子成长过程中的重要作用,引导家长更新教育观念,掌握科学的教育方法,以更好地支持和陪伴孩子度过这一关键时期。

一、中年级孩子身心的特殊性

1. 生理发展特点(认知:形象思维→抽象思维)

(1)身体发育处于相对平稳阶段。

(2)身体素质、腰腹力量、柔韧性处于发展关键时期。

(3)骨骼处于急速生长时期,脚骨长得最快,骨骼可塑性较大,也不易骨折、不易弯曲变形。

(4)神经系统发展较快,兴奋和抑制的机能有所增强。

(注:剧烈体育运动时要特别注意身体姿势、运动密度等方面)

2. 心理发展特点(不随意性→随意性、自觉性)

(1)自我意识开始形成(自信心形成的关键期)。

(2)情绪不稳定(易冲动、激动、紧张,不考虑后果)。

(3)自控力不强(独立性增强,自控力又不足)。

(4)集体意识开始形成(特别愿意与合得来的人一起学习、玩耍)。

3. 本届学生的特殊性

根据实际情况补充。

二、建议

1. 帮助孩子顺利度过特殊年段

把握中年级孩子的特征是帮助孩子顺利度过这一年段的前提。

(1)让孩子达到中年级的学习要求。

(2)培养孩子良好的个性:良好的心理状态、良好的保障系统、良好的行为习惯、良好的交往能力。

2. 给家长的四点建议

(1)改变自己明角色(家长极其重要)。

① 想一想养育目标；

② 想一想养育方法；

③ 看一看现在状态。

您的想法决定孩子的发展。和孩子说一万遍好好看书，不如以身作则，营造一个良好的读书环境。家长的言传身教就是最好的教育方法。

（2）有效沟通创氛围（爱孩子并让他能真正感受到）。

① 善于听，善于问；

② 多做少说，多赞少批；

③ 实事求是，对事不对人；

④ 关注学习，更要关注孩子的情绪。

任何一个优秀的孩子，都不是横空出世的奇迹，而是有迹可循的因果。它的因，在家庭；它的根，在家长。平和、稳定的家庭环境对孩子来说就是最好的。

（3）删繁就简抓关键（做正确的事）。

① 培养常规习惯；

② 培养责任心；

③ 培养效率观；

④ 懂得交友相处之道。

现在的孩子智力上存在的差异极小，他们的竞争其实是生活习惯与学习习惯的竞争。而良好的习惯也要有一个养成的过程，这需要家长、孩子及学校共同配合，在平时就注意加以培养，好习惯终身受益。

（4）加强联系信专业（齐心协力是关键）。

① 完成老师要求的规定动作；

② 酌情实施有助于个性发展的自选动作；

③ 主动沟通，积极配合。

苏联教育家苏霍姆林斯基曾说过：儿童只有在这样的条件下才能实现和谐的、全面的发展，就是两个"教育者"——学校和家庭，不仅要一致行动，要向儿童提出同样的要求，而且要志同道合，抱着一致的信念，始终从同样的原则出发，无论在教育的目的、过程还是手段上，都不要发生分歧。

三、学习抓好五方面

1. 抓好心态，心态决定状态

（1）学习不只是孩子的事，家长的好心态决定孩子的好状态；

（2）管好自己的情绪，少些急功近利；

（3）关注学习内容，更要关注学习态度。

2. 抓好习惯，克服不良影响

先抓习惯，再谈成绩，是最好的教育窍门。

3. 抓好计划，提高学习效率

要了解孩子，目标要合理，计划要具体，要劳逸结合。

4. 抓好基础，远离低级错误

先抓好基础，才能在牢固的"地基"之上筑"高楼"。

5. 抓好错题，及时查漏补缺

帮助孩子要有的放矢，对症下药。

四、共勉五句话

（1）家长的支持，老师的鼓励，就是孩子学习的最大动力！

（2）请和孩子一起打败问题，千万别和问题一起打败孩子！

（3）相信孩子，相信自己！

（4）学习最终是孩子的事，要培养孩子对自己学习负责的能力！

（5）我们要成绩，更要孩子的成长发展！

作业

（1）家庭会议记录与分析。召开一次针对孩子近期出现的问题的家庭会议，记录会议过程和讨论内容。会议结束后，对会议内容进行分析和总结，思考以下问题：

① 会议中孩子表达了哪些想法和感受？

② 家长在会议中的角色是什么？表现如何？

③ 会议达成了哪些共识？提出了哪些解决方案？

通过分析和总结，反思自己在家庭教育中的不足之处，并制订改进计划。

（2）共同成长计划。以文字的形式，给孩子分享一个自己在成长过程中养成的好习惯或好方法，并说明这个习惯或方法对自己的成长和发展带来的积极影响。在孩子同意后，与孩子一起制订一个共同成长计划，旨在帮助孩子也养成这个习惯或掌握这个方法。计划应具体可行，包括目标、步骤和时间安排等。在计划实施过程中，家长要给予孩子必要的支持和鼓励，共同见证彼此的成长和进步。

向脏话勇敢说"不"

建议年级

四年级。

活动目标

(1) 帮助家长深入了解孩子说脏话的背后原因,认识到脏话对孩子自身及他人可能产生的负面影响。

(2) 提供实用的方法和策略,指导家长如何正确引导孩子,使其减少或避免使用脏话。

(3) 引导家长营造一个文明、和谐的家庭语言环境,促进孩子健康成长。

活动准备

讲师准备:培训材料。

家长准备:笔。

活动说明

本课程旨在帮助家长理解和应对孩子说脏话的问题,探讨孩子说脏话的根源,分析家庭、学校和社会环境对孩子语言习惯的影响。同时,提供一系列实用的方法和建议,帮助家长有效引导孩子改变不良语言习惯,培养孩子文明、礼貌的言行举止。通过本课程的学习,家长将能够更好地承担起孩子语言教育的责任,为孩子的全面发展奠定坚实基础。

活动过程

一、视频导入

让家长观看视频，引发家长思考与共鸣，请几位家长说说自己孩子说脏话的情况，谈谈感受。

引出话题：为什么孩子能说、想说脏话呢？

出示三个问题，请家长发表自己的看法或者猜想：

(1) 孩子是怎样接触到脏话的？

(2) 为什么孩子愿意说出这些脏话呢？

(3) 为什么管得越多，孩子好像越想说脏话呢？

结合家长的实际案例分析原因，归纳总结。

二、脏话来自哪里

(1) 孩子在哪些场合有可能会听到脏话？请分享您的观点。

孩子可能会在多种环境中接触到脏话。例如，在家庭环境中，如果家长在日常教育中使用了脏话，那么孩子很可能在无意识中模仿并习得这些语言。此外，在学校环境中，孩子与同龄人交流时，也可能会受到他人脏话的影响，尤其是当他们觉得这种语言有趣或新奇时，更容易模仿。再者，随着网络信息的普及，孩子在浏览网络时也可能接触到脏话，由于网络信息纷繁复杂，孩子不够成熟，经验和判断力不足，很容易受到影响进而模仿这些语言。

(2) 家长交流自己的想法。

家长就孩子可能接触到的环境进行深入交流，可以分享自己在家庭教育中如何避免使用脏话，讨论如何引导孩子辨别和抵制脏话，以及分享一些成功的经验和策略等。同时，家长们还可以探讨如何规范孩子的上网行为，以尽可能降低不良网络用语对他们的影响。

(3) 总结归纳。

① 家庭环境：在家庭教育中，如果家长经常使用脏话，孩子很容易在潜移默化中学会并使用这些语言。

② 学校环境：孩子在学校的时间较长，他们很容易受到少数同学说脏话的影响。孩子可能会因为觉得这些话语新奇或有趣而模仿。

③ 社会环境及网络环境：在当今网络信息高度发达的时代，孩子很容易接触到网络上的各种信息。网络信息质量参差不齐，孩子由于心理尚未成熟，缺乏足够的判断力，因此可能会模仿网络上流行的脏话。

三、家长应该怎么做

（1）案例分析。

小军的父亲在日常生活中习惯使用粗鲁的语言，这导致小军在学校也无意中模仿了这种说话方式，并在课堂上讲出了粗俗的话语，因此被老师批评。老师随后与小军的母亲进行了沟通，希望家长能够在家中加强管教。然而，小军的母亲却将责任归咎于丈夫，导致家庭气氛紧张。遗憾的是，小军并未意识到自己在学校的行为有何不妥，因为在他的家庭环境中，这种说话方式是很"正常"的。

（2）家长反思。

面对小军在学校因讲粗话而被批评的情况，家长首先应该反思自己的言行举止。孩子就像一面镜子，反射出家庭教育的真实面貌。小军之所以不认为自己讲粗话有错，很大程度上是因为他在家里经常听到这样的语言，从而认为这是"正常"的交流方式。因此，家长需要深刻认识到，自己的言行对孩子有着潜移默化的影响。

（3）家长应对孩子说脏话的策略。

① 教育引导：家长需要明确告诉孩子，说脏话是不礼貌且缺乏教养的表现。我们应该追求内外兼修，不仅要外表整洁，更要内心美好。鼓励孩子使用文明、得体的语言，这样才能赢得他人的尊重和喜爱。当孩子无意中说出脏话时，家长应耐心提醒并纠正。

② 树立榜样：家长要以身作则，为孩子树立好榜样，通过自己的言行给孩子传递尊重他人、文明表达情感和想法的重要性；让孩子明白使用脏话是不符合社会规范的，同时也会对个人形象和心理健康造成负面影响。

③ 优化外部环境：家长应努力为孩子创造一个健康、积极的外部环境，减少孩子对手机等电子产品的依赖，避免他们接触到不良信息；多陪

伴孩子阅读书籍、欣赏优美的语言艺术,从而丰富孩子的词汇量和培养他们的美感。

④ 冷静处理:当孩子说脏话时,家长应保持冷静并淡化处理。过度的反应可能会让孩子觉得这种行为能够引起关注并以此为乐。因此,家长可以选择性地忽视孩子的脏话,转而关注他们的积极表现并给予肯定和鼓励。

作业

(1)亲子对话记录。如果孩子在日常生活中有使用脏话的情况,请家长与孩子进行深入的对话,并记录对话内容,包括孩子使用的具体脏话、他想要表达的情绪以及他对使用脏话后果的认识。同时,请家长分享自己听到孩子说脏话时的感受,并引导孩子思考他人听到这些话语时的可能反应。通过这一活动,帮助孩子更直观地理解脏话的负面影响。

(2)创设文明暗号。与孩子一起创设一个文明的暗号或替代词语,当孩子想要表达强烈的情绪时,可以使用这个暗号或词语来代替脏话。同时,家长也要积极参与并使用这个暗号,以身作则。在每次使用后,请家长与孩子分享彼此的感受和体验,强化文明表达的重要性。通过这一活动,帮助孩子建立健康的情绪表达方式,并逐步减少脏话的使用。

驱散自卑阴霾

建议年级

五年级。

活动目标

(1) 帮助家长理解和掌握培养孩子自信心的方法和策略,使孩子能够在面对困难和挑战时更加自信、勇敢。

(2) 引导家长识别孩子可能存在的自卑情绪及其表现,提供有效的策略和方法,协助孩子克服自卑,建立积极的自我形象。

(3) 教授家长如何通过真诚的沟通来增强孩子的自信,改善亲子关系,为孩子创造一个支持性和鼓励性的成长环境。

活动准备

讲师准备:视频、调查问卷。

家长准备:笔记本、笔。

活动说明

本课程旨在帮助家长认识到自信心在孩子成长过程中的重要性,并提供具体的方法和技巧来培养孩子的自信心。课程将通过讲解、案例分析、小组讨论等形式,深入探讨自卑和自信对孩子成长的影响,引导家长掌握有效的沟通和教育策略,帮助孩子建立积极、健康的心态。

成为"OK家长"的30个锦囊

活动过程

一、自信与自卑

（1）出示视频，回答问题。

视频内容描述：

小女孩尝试双脚跳上一个凳子，独自一人尝试了8次，尽管越跳越好，但还是没有完成跳跃。这时，小女孩的父亲出现了，对其进行了动作的指导，并告诉小女孩要冷静。最终，小女孩成功跳了上去，并且十分兴奋，和父亲拥抱在一起。

① 面对困难，您推测您的孩子会做出怎样的选择？

A. 您的孩子遇到困难，会不怕失败，反复尝试直到成功。

B. 您的孩子会尝试几次，但失败次数一多就会放弃或应付。

C. 您的孩子会觉得太难，不会尝试而直接放弃。

② 在刚才的视频中，小女孩的父亲做了什么？

③ 如果小女孩的父亲任由她自己尝试，最后会发生什么？

④ 小女孩兴奋地宣告着自己的成功。小女孩以后再遇到困难，会怎么做？

（2）自信、自卑的背后是什么？

① 自信的背后是乐观：我不一定要做到完美，只求一直都有所进步；

② 自卑的背后是悲观：对我而言，做到99%也是失败。

（3）我们的孩子是自信多还是自卑多？

① 孩子提前完成自卑心理测试问卷。

② 出示本次学校调查的数据——关于孩子自卑的调查统计。

③ 其实儿童的自卑感是一种普遍存在的事实。

阿尔弗雷德·阿德勒在《超越自卑》中提到：孩子们身体弱小，必须依赖成人生活，而且一举一动都要受成人的控制，所以他们会有普遍的自卑。

（4）自卑的表现：胆怯怕羞、独来独往、有自虐倾向、猜疑心重、表述困难、承受能力差等。

（5）自卑会对孩子产生哪些负面的影响？

总体来说，就是自卑会危害孩子的学习、危害孩子的性格。

自卑可能让孩子慢慢形成"讨好型人格"，可能会让孩子未来遭受很多"看不到的痛苦"。

二、如何让孩子避免自卑

（1）自卑的危害如此巨大，可给孩子种下自卑的种子却很简单……现在请大家四人一小组，交流这样一个话题：哪些举动会让孩子自卑？

① 目标过高，让孩子无法实现。

"无论我怎么努力，我都够不到那个高高在上的目标。"

"于是，我决定放弃了。"

要点：不切实际的目标，不会让孩子奋起直追，只会让孩子开始放弃。

② 否定孩子，让孩子不断放大自己的缺点。

"我其实真的很想改正这个问题，但我真的不知道该怎么办。"

"也对，或许我就是这样一个很差劲的人。"

要点：不断否定孩子，不会让孩子痛改前非，只会让孩子怀疑自己。

③ 拖延问题，让孩子习惯失败。

"算了，别试了，我是不可能成功的……但，要不再试试？"

"呵，果然，我是不可能成功的。"

要点：不解决孩子的问题，那么问题不会随时间消失，只会随时间放大。

④ 包办问题，让孩子不敢尝试。

"这回要靠我自己了，我真的能行吗？"

"一塌糊涂，还是赶紧找爸爸妈妈帮忙。"

要点：代替孩子解决问题，孩子不会提高能力，只会越来越不会解决问题。

⑤ 喜欢比较，进行"榜样教育"。

"我明明也有好的地方，你从来都不说。他明明有差的地方，你从来都不讲。"

"干脆你去当他妈妈吧，反正你也不喜欢我。"

要点：夸别的孩子，不是给孩子树立榜样，只会让孩子先否定自己。

三、让孩子避免自卑的五大方面

（1）避免目标过高——给孩子切实可行的目标。

（2）避免消极否定——给孩子真诚具体的鼓励。

（3）避免拖延问题——给孩子恰当适度的帮助。

（4）避免包办问题——给孩子尝试挑战的机会。

（5）避免不断比较——给孩子自我比较的空间。

四、如何让孩子自信

（1）克服自卑，是否就意味着建立了自信？

自信的表现：学会自知之明，学会自我肯定，学会坦然自若，学会自强不息。

（2）请大家再次组成四人小组，交流这样一个话题：我们究竟该采取哪些方法帮助孩子建立自信呢？

① 遭遇挫折时，可以试着说以下三句话：

A."你遇到问题了。"

B."不要忘记，你有改变自己的能力。"

C."所以，你现在可以做什么来改变？"

② 收获成功时，可以试着说以下三句话：

A."你真的很努力。"

B."谢谢你，你能这么用心地改变自己。"

C."我相信你接下来一定也能做到最好。"

阿尔瓦罗在《孩子的大脑》一书中提到，所有的孩子都有能力拥有更多自信，他们只是需要合适的条件去感受责任和自信。

所有的孩子都有能力拥有更多自信，他们只是需要家长和老师共同的努力。

作业

（1）实践沟通技巧：请家长在日常生活中实践课程中所学的沟通技

巧，特别是在孩子面对挑战或遭遇挫折时，运用所学的沟通方法给予孩子支持和鼓励。

（2）记录成长变化：请家长在一段时间（如一个月）内，观察并记录孩子在自信心方面的成长和变化。这可以通过日常观察、对话记录、孩子自己的反馈等方式进行。记录应具体、详细，以便于家长和孩子共同回顾和总结。

小升初衔接无忧

建议年级

六年级。

活动目标

（1）提升家长对小升初衔接阶段重要性的认识，使家长明白这一阶段对孩子学习、生活和心理发展的转折意义。

（2）指导家长进行科学的家庭教育，教授家长有效的家庭教育方法，以应对孩子在小升初阶段可能出现的各种问题。

（3）促进家长与孩子的共同成长，鼓励家长与孩子共同面对挑战，建立和谐的亲子关系，共同规划未来。

活动准备

讲师准备：培训材料。

家长准备：笔记本、笔。

活动说明

本课程旨在帮助家长全面了解小升初衔接阶段孩子面临的身心变化和学习挑战，并提供实用的家庭教育策略。通过讲解青春期孩子的生理和心理特点、初中学业的特点和压力，以及家长可以做出的调整和应对方法，助力家长更好地陪伴孩子度过这一关键时期。同时，也强调家长与孩子间的沟通和理解，鼓励双方共同成长，积极面对未来的学习和生活。

一、开场交流

（1）关于孩子小升初，您作为家长，最关心什么？

（2）您知道孩子最关心什么吗？

二、小学、初中大不同

1. 青春期（13—18岁）

青春期：成长转折的关键期（八年级最关键）。

（1）生理变化"一日千里"。

① 身高的明显变化；

② 第二性征的出现（性危险期）。

（2）心理变化"狂飙突进"。

① 心理闭锁，又渴求理解；

② 希望独立，而依赖依旧；

③ 进取心强，而自制力弱。

［注：独立意识增强（回避大人）、自尊心强烈（极要面子）、逆反心理突出（最怕唠叨）、同伴影响力上升（前同后异）、想象＋幻想（寻找素材）、性意识觉醒（不自觉爱恋）］

2. 初中学业特点

① 时间紧；

② 内容多；

③ 要求高。

（注：学习内容逐步深化、学习能力要求提高、学习习惯至关重要、学习成绩分化明显）

三、家长可以做些什么

（1）家长可以做什么？

① 以终为始，准确定位；

② 少说多做，正面鼓励；

③ 关注心理，全力配合。

（注：开好家庭会议）

（2）衔接阶段要让孩子：

① 对初中充满期待；

② 对自己充满信心；

③ 对学习做好规划；

④ 对困难做好准备。

（3）十几岁学生对长辈提高沟通技巧的建议：

① 不要长篇大论地说；

② 说话要简短而亲切，不要说了一遍又一遍；

③ 不要以高人一等的口气对我们说话；

④ 听我们说，而不是要说服我们；

⑤ 如果我们有勇气把自己做的错事告诉你们，不要发脾气，不要过度反应；

⑥ 不要打探或盘问我们；

⑦ 不要通过说"我把这件事做了，因为你没有时间"之类的话，试图让我们感到内疚；

⑧ 不要做你无法兑现的承诺；

⑨ 不要把我们与其他人进行比较；

⑩ 不要跟我们的朋友谈论我们。

（4）调整教育方式。

① 尊重：把要求和命令变成商量；

② 不要随意动孩子的东西；

③ 让孩子参与家中大事，学会分忧和分责；

④ 关注孩子最好的朋友及其家庭背景；

⑤ 关注孩子的兴趣所在，尊重并欣赏其兴趣；

⑥ 信任孩子；

⑦ 善于从孩子的态度中发现自己教育的问题；

⑧ 关注孩子的善良、成功和责任心。

（5）做好特殊的事。

① 通过增加快乐来帮助孩子减少对网游的迷恋；

② 写封家书与孩子谈初恋；

③ 坦然、自然地对孩子进行性教育；

④ 一定要聊聊未来、谈谈生命；

⑤ 过好每一次生日。

四、孩子可以做些什么

（1）孩子可以做些什么？

① 心中有打算，行动有目标；

② 定好新制度，养成新习惯；

③ 结识新同学，了解新老师；

④ 上好第一课，留下好印象；

⑤ 转变学习方式，培养学习习惯；

⑥ 建立备忘录，学会"弹钢琴"。

（2）观看三部电影。

①《阿甘正传》：适合缺乏自信、对自身潜能认识不足的孩子；

②《小孩不笨2》：适合不听话、叛逆的"笨"小孩；

③《一球成名》：适合缺乏自信、好运动的孩子。

（3）学习中国人民公安大学教授李玫瑾所说的三句话。

① 要健康，就要远离那些不健康的东西。

② 要自由，就要守法，不守法就一定会丧失自由。

③ 要情义，有情有义生命才有色彩。

五、致谢

让孩子更好地适应中学学习，关键在家长。为了孩子，请您从现在开始行动。预祝孩子们能带着憧憬、带着信心、带着好习惯进入中学。

感谢6年来我们的共同成长，期待未来您和您的孩子一帆风顺！

（1）家庭会议记录。请家长组织召开一次家庭会议，与孩子共同讨论并记录为了迎接初中生活，家庭可以做的准备工作。分类罗列具体的行动计划和责任分工，确保每个家庭成员都明确自己的角色和任务。这份计划可以包括学习、生活、心理调整等各个方面。

（2）生日策划与礼物准备。请家长为孩子策划一次隆重而有意义的生日庆祝活动，并准备一份特别的礼物。这次生日不仅是对孩子成长的庆祝，也是对孩子即将进入新阶段的鼓励和祝福。请家长记录策划过程、活动细节以及孩子的反应和感受，作为家庭成员共同回忆的珍贵瞬间。同时，请家长思考礼物背后的意义，确保它能传递出家长对孩子的关爱和期望。

家长感言与学生反馈

家长感言

我家闺女是苏州工业园区第三实验小学（以下简称"三实小"）的首届毕业生。在校五年时间，她从那个有些害羞的小姑娘，成长为在毕业典礼上从容发言的学生代表；从那个遇到困难哭鼻子的小姑娘，成长为有条不紊地组织各种活动的优秀少先队员。

这与三实小"在学习中寻求快乐，在成长中共筑梦想"的理念分不开。三实小的老师们不仅仅为孩子们组织各种活动，还每月为家长举行家长学校活动。从第一期的"模拟课堂"到最后一期的"与孩子共成长"，我和孩子一起学习着。我知道了学习是孩子自己的事情，我需要激发孩子的学习潜能，相信孩子会不断进步。我明白了不同年龄段的孩子身心都在变化，我需要了解孩子的身心成长规律，尊重孩子。正面管教中的鼓励与批评给我留下了很深的印象，让我与孩子的日常沟通变得和谐、有效。我学会了在沟通中赋能孩子，我家闺女越来越自信了，我们的关系也更加亲密。感谢三实小的老师们，感恩遇到的每一位老师、同学和家长，感恩温暖有爱的三实小！

2022届（1）班　杨泽萱母亲　李璇

三实小为提升家长的教育方法，帮助孩子健康成长，每月都举办家长学校活动。

通过在家长学校的学习，我受益颇多，主要有以下几个方面：

（1）我认识到了自身存在不足之处，且需要不断学习，提升自己。

（2）我认识到了培养孩子的良好学习习惯和主观能动性才是重中之重，要让孩子积极主动地去学习。

（3）通过顾超书记多次在心理学方面的拓展，我学习了青少年心理健康相关知识，掌握了与孩子沟通的技巧，努力做好孩子健康成长的守护者。

在三实小上学的孩子很幸福，同样，家长也非常幸福。

2022届（1）班　蔡熙文母亲　杨春燕

三实小自创办以来，一直秉持着"以生为本"的教育理念，坚持家校共育。六年来高质量的家长学校的输出，让我深刻体会到学校对学生的重视、关心和爱护。同时，通过在家长学校的学习，我也意识到家庭教育在孩子成长和学习中的重要作用。

（1）培养孩子良好的习惯。良好的习惯对孩子的学习和生活有着长远的影响。作为家长，我们在孩子小学阶段更应注重孩子学习、生活习惯的培养，如让孩子自觉完成作业，不拖拉，并认真检查作业等。

（2）培养孩子的自信心。家长要不断鼓励孩子，让孩子感受到自信，找到学习的乐趣。当孩子遇到问题时，我们要帮助孩子一起分析问题，并以欣赏的目光看待孩子的每一次进步，让孩子不断增强自信。

（3）尊重、理解并相信孩子。作为家长，我们要陪伴孩子，多与孩子沟通，分享学习的快乐。在日常的家庭教育中，要和善而坚定，注重孩子综合素质的培养，对孩子的学习成绩要理性分析，理解并相信孩子，与孩子一起成长，做最好的自己。

2023 届（3）班　印无双母亲　吴建云

学生反馈

记得在我小时候，爸爸的教育方式是以他自己的学习成长经验为主。他经常告诉我："我小时候就是这样做的，所以你也得这么做。"虽然我知道他是想用自己的经验来帮助我，但有时候我会觉得他的方法有些过时，不太符合我现在的学习情况，因此我常有抵触情绪，并不会完全按照他的要求去做，即使做了心中也并不服气。

后来，爸爸参加了学校组织的家长学校活动。每月一期，爸爸基本没有缺席，系统地学习家庭教育的理念和方法。爸爸说通过学习，他开始反思自己的教育方式，并逐渐做出了改变。他开始接触和学习正面管教的理念，意识到每个孩子都是独特的，需要被尊重、理解和激励。

最明显的变化是，爸爸不再只是简单地告诉我应该怎么做，而是关心我的学习习惯和方法。他会问我："你觉得这样学习效果怎么样？有没有更好的方法？"他会倾听我的想法和意见，尊重我的选择，并给予我更多的自主权和空间。

此外，爸爸也开始关注我的课外兴趣发展。他不再只是关心我的学习成绩，而是鼓励我尝试不同的课外活动，发掘自己的潜力和兴趣。他会陪我一起参加各种兴趣班和社团活动，支持我发挥自己的特长，去寻找自己的快乐。

这些变化让我感受到了爸爸的成长和进步。他不再只是用经验来教育我，而是用更加科学、有效的方式来帮助我成长。我相信，我的成长一定有三实小家长学校的功劳。

现在，我已经是一名初中生了，爸爸的教育方式仍然在不断进步和改变。我很感激他能够参加三实小家长学校活动，让我能够在更加科学、更加人性化的教育环境下成长。我相信，在他的引导下，我会成为一个更加自信、更加优秀的人。

2022届（2）班　汪子涵

小时候，妈妈总是用打骂的方式教育我，甚至不理会我的解释。在妈妈参加了三实小家长学校活动后，我看出来，她真切地感受到了老师对我们的关爱和耐心，也看到了我努力的一面。对我越来越有耐心，给予了我更多宽容和自由。

　　妈妈让我自己做计划，从而让我知道了做计划不仅仅是在规划我的学习，更是保证了我充足的娱乐时间，并且在玩的时候不会被任何人打扰。

　　我很感谢她的默默改变。

2023 届（2）班　张铎译

　　我发现妈妈参加家长学校活动后改变了许多。她开始尊重我的选择，我可以自己选择喜欢的培训课，选择喜欢的衣服。渐渐地，我们的母女关系也变得更加融洽。

　　遇事时，她总会和我沟通，耐心询问我的意见。我们发生争执的次数也逐渐变少。

　　妈妈学会了"鼓励"的教育方法。考砸时，她不再一味地批评我，反而会安慰我，并与我一起分析问题。遭遇挫折时，她会告诉我：一次失败不算什么，要积极乐观地对待它。

　　写作业时，她不会在一旁一直监督我。寒暑假时，也由我自己制订计划。这使我更加意识到，学习是自己的事情。

　　很高兴看到妈妈这样的变化，也很庆幸学校能一直开办家长学校。

2023 届（7）班　侯欣怡

　　我的爸爸妈妈参加了三实小家长学校活动后，在家庭教育方面有了一些变化。

　　他们更加重视我的学习和成长了。以前，他们可能只是关注我的学习成绩，而现在他们更加注重我的学习方法和学习习惯。他们会和我一起制订学习计划，帮助我规划时间，提高学习效率。

　　他们更加关注我的心理健康了。以前，他们可能只是觉得我只要吃饱穿暖就好了，而现在他们会和我交流，听取我的想法和感受，帮助我排解不良情绪，提高心理素质。

　　他们更加注重家庭氛围的营造了。以前，我们家可能只是一个普通的空间，而现在他们会和我一起做家务，一起看电影，一起散步，让我感受到家庭的温暖与和谐。

他们更加注重自己的学习和成长了。以前，他们可能只是把我的学习当成他们的责任，而现在他们更加注重自己的学习和成长。他们会阅读一些家庭教育方面的书籍，参加学校组织的家长学校活动，提高自己的教育水平和素质。

总之，我的爸爸妈妈参加三实小家长学校活动后，在家庭教育方面有了很大的变化，这些变化让我感受到了他们对我的关爱和重视，也让我更加珍惜我们的家庭。

2023 届（3）班　钱梦瑶

老话说："父母之爱子，则为之计深远。"我的妈妈就是典型的中国式妈妈。我的学习和生活都被她安排得"妥妥当当"。我要上什么兴趣班，我今天吃什么早餐，甚至我今天穿什么衣服……她对我的爱除了"唠叨"就是"我都是为你好呀"，她把她以为的爱都塞给了我，可她忘了问我一句："宝贝，你有什么想法？"

不知道从什么时候开始，她不再"独断专权"，而是问我："闺女，你热爱的舞蹈和繁重的课业，二者你要慎重考虑一下，不论怎样妈妈都支持你的选择。"妈妈给了我尊重和支持，一步步拉近了我们之间的距离。

我说："妈妈，你变了！"

妈妈说："是呀，我要和我的宝贝一起成长。特别感谢三实小每月举办家长学校活动，一次次更新我的教育观念，一个个教育方法让我在做优秀家长的路上一点一点进步。"

我觉得我和妈妈都做到了"做最好的自己，做最好的伙伴"。

2023 届（8）班　吴佳颖

附 录
家长学校课程的设计与实施

一、问题背景

我国的传统文化非常注重家风家训的传承，有"孟母三迁""曾国藩家训""祖昌教孙"等历史典故传颂至今，但也有"清官难断家务事"等俗语道出家庭关系的复杂性。外人介入家庭关系的处理，比如，教师对孩子家庭教育的指导，往往很难直击问题的根本，使得指导的效果无法显现。以往的传统型家访、家长会等都是期待通过外在的指导改变家长的教育方式，其效能较低的原因也就不难寻找。2015年10月，教育部发布《教育部关于加强家庭教育工作的指导意见》，提出"充分发挥学校在家庭教育中的重要作用"，指出各地教育部门要切实加强对行政区域内中小学幼儿园家庭教育工作的指导。2016年以来，地方政府先后开展了家庭教育立法工作，学校在家庭教育中应承担"指导"责任。2022年1月1日，《中华人民共和国家庭教育促进法》施行，将"中小学校、幼儿园可以采取建立家长学校等方式，针对不同年龄段未成年人的特点，定期组织公益性家庭教育指导服务和实践活动"上升到国家法律的高度。在家庭教育指导工作由"经验"向"科学"的转变过程中，家长学校被赋予重要使命。

苏州工业园区第三实验小学从2017年开办以来，已经举办83场家长学校活动，伴随着家庭教育指导工作的深入，我们发现家长学校面临的挑战也越来越多。办校之初学校只有两个年级，一个月开展1场家长学校活动，由持有"注册正面管教家长讲师（CERTIFIED POSITIVE DISCIPLIN PARETING EDUCATOK）"证书的顾超书记担任每一场家长学校活动的主讲。随着每一年新的年级的加入，不同年龄段的学生面临的问题不同，家长群体的需求不同，最多的时候，学校一个月要开展6场家长学校活动，不同的年级有不同的主题，这个时候最重要的就是师资力量的保障。另外，不同年级的家长学校活动，学习目标的递进式和长程式的设计如何来做？课程谁来设计？如何保障课程的科学性？这些都是需要我们探索和回答的问题。

二、课程目标

家长学校活动的任务是帮助家长树立正确的教育观念，掌握科学的教育方法，尊重孩子的健康情趣，培养孩子的良好习惯，加强与学校的沟通配合，为孩子的成长营造一个适宜的家庭教育环境。但有的时候学校会简单地用家长会来替代家长学校活动，或者认为开一次家长会就是举办了一场家长学校活动，这种做法和认识是狭隘的，因为家长会的形式与育人目的和家长学校活动不完全相同。我们可以回想一下，大部分的家长会是班主任或者任课老师讲述班级学生一阶段的学习状态，汇报班级建设的亮点或不足，提出下个阶段和家长一起配合努力的要点与方向，家长会的重点往往落在班级建设、学业成绩、学习习惯等方面。如果长期以家长会替代家长学校活动，这样的家长学校活动的建设目标就是偏颇的，也会使家长学校承载的任务变形。提升家长的家庭教育胜任力是我们开发家长学校课程体系的根本目标。家长学校活动课程目标具体分为以下四个方面：

（1）参与活动体验，让家长认识自己教育孩子的风格。

（2）提供工具方法，让家长通过练习完善与孩子的沟通方式。

（3）通过案例启发，让家长自我反思家庭教育的优势和不足。

（4）丰富活动形式，让家长感受参加家长学校活动的获得感，从而加强与学校的沟通联系。

三、课程内容

2023年的新闻热词中"教育内卷"出现的频次是非常高的，虽然国家及时推出了"双减"政策，且要求各省（区、市）教育督导部门组织当地中小学责任督学开展"五项管理"督导工作，在一定程度上规范了学校的行为，但是这些并没有减少家长的"教育焦虑"。没有专门的渠道为家长解读政策，没有专门的渠道对家长进行"双减"下应该如何使家庭教育跟进学校教育的培训，部分家长依旧难以找寻到适合自己的家庭教育方式。

在课程内容的建设中，我们结合多年家长学校的实践经验、学生成长的心理生理规律、家长的关注焦点，在高校专家的支持下，通过教育循证研究得到的效能数据研制了以年级为单位的五大板块课程内容（附表1）。

附表1　家长学校课程内容

年级	学习能力	亲子沟通	人际关系	健康成长	专项问题
一年级	专注的秘密	和善坚定，有效沟通	正确认识人际关系	知"食"的力量	扣好人生"第一扣"
二年级	能独立思考	会说会听，良性沟通	自信力和交往力	重要的"性"	情绪管理小秘诀
三年级	做情绪的主人	公约先行，尊重理解	尊重孩子，容纳错误	积极心理	过渡期里寻突破
四年级	自信的力量	设定目标，自我管理	创设良好的生生与师生关系	减压赋能	向脏话勇敢说"不"
五年级	青春期来了	走出误区，建立信任	积极提升自尊与自我认知	运动的秘密	驱散自卑阴霾
六年级	成长型思维	互相学习，共同成长	独立解决现实与网络社交问题	健康上网	小升初衔接无忧

四、课程实施

家长学校的主要服务对象是作为家长的成年人。一般来说，中小学校在未成年人的教育上有丰富的教育教学经验，其教师在师范教育中接受的也大多是儿童心理学、学科教学论等专业知识，到了工作岗位更多接受的也是学科教学法的进一步培训，以及面对未成年人教育方式的进一步精进，为成年人提供教育并不是中小学校的专长。聘请个别专家、业界"大咖"的培训模式当然是其中的一种方式，但是专家能到一所学校指导的次数有限，即使像我们学校这样具有得天独厚的条件——学校党支部书记就是"注册正面管教家长讲师"，也很难一人承担所有年级的课程，并且如果家长每次都面对同一位讲师，也会产生审美疲劳。而邀请家庭教育的业界专家，一方面，在邀请次数上无法满足我们所有的课程需求；另一方面，学校的办学经费也不足以承受每次活动都外请专家。以下是我们的探索：

首先，课程讲师团队的成立是保障课程实施的首要条件。目前学校有一支38人的家庭教育讲师团队，其中骨干成员11名。从2019年开始，团队成员利用寒暑假集中学习理论知识，平时在班级家校沟通等活动中积累实践经验，逐步成为能登上年级大舞台开展家长学校活动的优秀讲师。

其次，课程建设的灵活性是课程生命力的重要保障。家长学校设计好课程有利有弊，在课程形成的初期，可以帮助学校有序开展家长学校活动，家长可以针对不同年级的孩子在同一板块习得不同的教育方式。比如"学习能力"板块，一年级与六年级需要关注的学习能力的建立点是完全不同的，分年级、分板块的循序渐进效能较好。那么设计好课程的弊端是什么呢？课程不可能覆盖全部的问题，社会也在不断发展，以现成的课程去开展指导工作，容易陷入固化思维。所以我们在组建团队设计课程的时候，就以模块化的方式，每位讲师负责一个固定的模块。比如"家庭公约"模块，这是一个适合多场景、多年级的模块，讲师将这个模块下的训练要点设计完善以后，还需要考虑它面对的群体，目前我们将其放在三年级的学段，那么讲师就需要根据三年级孩子的年龄特点来设计课程的训练项目。附表1中的课程模块并非固定，可以根据学校不同的发展阶段灵活调整。这样家长学校课程就不是一本固化的"教科书"，而是需求性的"工具书"。

最后，课程实施的定期化是课程效能的重要基点。我们都知道孩子的学习需要循序渐进，家庭教育胜任力的提升也不是一蹴而就的，每一个习惯养成的前期形成期至少需要21天，所以家长学校的课程也需要保持固定的节点。我们以月为单位开展实施，附表2为每学期家长学校及家长会安排时间表。

附表2　每学期家长学校及家长会安排时间表

时间	第一个月	第二个月	第三个月	第四个月	灵活时间
课程方式	家长学校	家长会	家长开放日	家长学校	专项问题
组织形式	全体大课	班级组织	班级组织	全体大课	小型沙龙

在第一个月的家长学校中，启发家长从心理和生理的角度看待孩子新学期的成长，并提供一定的工具用于训练，帮助家长和孩子建立新的亲子沟通的方式，或者建立新的家庭秩序。经过一个月的家庭训练，在第二个月的家长会中，有一个环节是以班级为单位交流上个月训练的效果和出现

的问题。第三个月的家长开放日组织展示班集体的建设情况，如可以对比班级公约和家庭公约是如何互相配合发挥育人效能的等。第四个月以假期生活指导为主题，旨在缓解家长的假期焦虑，为家长提供亲子陪伴的科学指导。

五、课程评价

家长学校的建设传递了家校关系的一种新理念，教育孩子不是学校说了算，也不是仅仅靠家庭教育就可以的，家长和学校是合作伙伴的关系，所以家长学校活动并不是学校讲家长听的"布道会"，家长学校课程的评价需要由多维评价构成。

首先，我们应该明确家长学校的直接受益人是家长，最终受益人是学生，所以学生拥有评价权。为此我们设计了"OK家长"成长记录，家长每一次来学校的学习都会有相应的记录，这些记录会成为每学期评选优秀家长的一项评价指标。家长学习以后有改变吗？孩子最有发言权，在每学期手册的最后一页都有"小OK寄语"，请孩子为父母写学期评语，渗透建立平等民主家庭生态的指导思想。

其次，每次的课程设置是否能让家长有收获呢？在课程结束的时候，有相应的课程反馈二维码，请家长扫码填写当天的学习意见。这些意见都会成为课程改进的重要参考。

六、课程实施效能及反思

1. 营造开门办学的良好生态

家长学校不仅能够发挥家校联系的平台作用，也体现了一所学校的办学理念。营造开门办学的良好生态需要路径和策略，家长学校的建设是以成长型思维看待家校关系，积极投入创造合作者氛围的一种方式。目前我校的建设还谈不上科学化和标准化，但行动起来一定能离目标更近。

2. 整合社会资源的重要媒介

在教辅市场上，除了学科教辅材料深受家长的追捧外，育儿类书籍、家庭教育方面的出版物也琳琅满目。社区时常组织家庭教育的沙龙，图书馆、各大书店也会开办以提升家庭教育能力为主题的讲座……海量的教育资源常常困扰家长，到底该如何选取？因此，我校讲师团在建设的过程中会吸取很多社会资源的长处，并将其转化为适合本校的课程资源。

3. 塑造新型教育者的实践场

家长对学校的诉求是包罗万象的，有些家校矛盾的出现往往是学校无法满足家长某些需求导致的。比如，一年级学生的家长特别在意自家孩子在学校有没有被欺负，但是往往忽略自己有没有为孩子的人际交往赋能。如果家长多次向老师反映孩子被人欺负而没有得到理想中的结果反馈，家长对老师就可能产生不满，质疑老师的管理水平或认为老师区别对待自家孩子。如果老师了解家长有这方面的困惑，通过一场小型的家长学校活动，通过情景剧的演绎让家长明白伙伴交往能力的重要性，就可以防患于未然。我们经常深刻地感受到，当看到自己孩子的老师站在家长学校的舞台上游刃有余地讲课的时候，家长对这位老师的崇敬之情是油然而生的，这位老师的班级管理工作也能因为家长的这份信任事半功倍。所以这几年我们家庭教育讲师团的队伍一直在扩大，原来对此不感兴趣的老师也纷纷报名加入。

家长学校的建设是我校一张亮丽的名片，是学校开门办学现代化治理能力的重要体现。家长学校的开办成就了一批老师，造福了主动求变的家长，惠泽了这些家庭的孩子。我们的实践刚刚起步，在课程的建设上还有很多不足，任重而道远，我们将坚守初心，继续前行。